LA OPINIÓN DE LOS DEMÁS ESTÁ DE MÁS

MARÍA DE MONDO

LA OPINIÓN DE LOS DEMÁS ESTÁ DE MÁS

CLAVES PARA SER TÚ MISMO
Y LIBERARTE DEL QUÉ DIRÁN

HarperCollins

Editado por HarperCollins Ibérica, S. A.
Avenida de Burgos, 8B - Planta 18
28036 Madrid

Diseño de cubierta: Rebeca Losada
Fotografía de la autora: Inés Urdaci Vallejo
Maquetación: Safekat

ISBN: 978-84-1064-075-7
Depósito legal: M-12526-2022

A ti, lector, por querer desafiar el qué dirán
y atreverte a ser auténtico.
Gracias por tu valentía y por recordar
que la plenitud aparece al ser uno mismo.
Que este libro sea un recordatorio
de que la verdadera libertad
reside en la aceptación y celebración
de quienes somos realmente.

Índice

Introducción 11

1. ¿Por qué me importa el qué dirán? 25
   El papel del ego 25
   La familia 30
   El entorno 42
   Seres sociales por naturaleza 48
   Experiencias de vida 51

2. ¿Cómo me está perjudicando? 55
   Desconexión del ser 55
   Necesidad de complacer y agradar 60
   Perderte a ti mismo 66
   Esta vida no es mía 71
   Adiós, amor propio 74
   Vivir desde el miedo 79
   Emociones de baja vibración 86

3. ¿QUÉ HAGO CON LOS *HATERS*? 101
Anatomía de un *hater* 104
La doble cara de la crítica 106
No eres tú, soy yo 111
Empatizar no es justificar 113
No es la naturaleza humana 114
¿Estamos tontos? 116
Cómo gestionar las críticas 119

4. LA TRIBU 127
Cómo reconocerla 132
Cómo construirla 137
Cuando eres idiota 140

5. LIBÉRATE 147
Recupera la confianza 147
Nada es personal 173
Elige tus luchas 183
No puedes gustar a todo el mundo 197
Humanízate 201
Nada es tan terrible 205
Amor incondicional 214
La llave maestra 225
Sé tu propio gurú 227

EPÍLOGO 235

Introducción

¿Cuántas cosas has hecho por la opinión de los demás? ¿Cuántas has dejado de hacer? ¿Cuándo empezaste a ser como se esperaba que fueras perdiéndote a ti mismo? ¿Cuándo comenzaste a olvidarte de ti para encajar? ¿En qué momento tu opinión empezó a ser menos importante que la de los demás? ¿Qué parte de ti has sacrificado para ser aceptado? ¿Qué sueños has dejado en el camino por miedo a fracasar? ¿Cómo sería tu vida si hubieras tomado decisiones sin ningún tipo de condicionamiento? ¿Qué harías hoy si supieras que nadie te juzgaría?

Decidir liberarte del temido qué dirán es la decisión más importante que puedes tomar hacia la autenticidad y el inicio de una vida plena. Es impresionante cómo las opiniones ajenas pueden marcar nuestra existencia. Muchas personas son conscientes de ello y otras no tanto, pero nadie se escapa del condicionamiento externo.

Desde que naces, recibes un bombardeo de información de las personas que te rodean sobre cómo interpretan el mundo, qué está bien y qué está mal, qué es mejor y peor, cómo funcionan las personas y sobre tu propia identidad. Estas creencias y juicios del entorno crean unas gafas por medio de las cuales interpretamos la vida. Y es así como se forma el ego, ese personaje a través del que vives, que juzga el mundo con esas gafas y toma las decisiones que cree correctas y seguras desde la perspectiva aprendida.

En este proceso, poco a poco, nos vamos alejando del verdadero ser, olvidándonos de que las respuestas que tanto buscamos en el exterior ya residen en nuestro interior. Construimos la vida basándonos en expectativas ajenas, persiguiendo la aceptación y la pertenencia para sentirnos válidos. Nos ponemos esas gafas sin preguntarnos si nos gustan, si son cómodas, si distorsionan nuestra visión o si en realidad las necesitamos.

Ser consciente del papel que jugaba la opinión de los demás me cambió por completo. Me di cuenta de que no podía confirmar si mis creencias, gustos, necesidades, deseos, anhelos, miedos, inseguridades o decisiones eran realmente mías.

Desde pequeña creí que papá y mamá tenían respuestas para todo, sus palabras y decisiones eran la verdad absoluta para mí. Durante mi adolescencia mis amigas y yo seguíamos las mismas modas, escuchábamos la misma música, nos gustaban los mismos chicos, utilizábamos las mismas expresiones y proyectábamos nuestro futuro de la misma forma. El camino que debíamos seguir estaba definido: iríamos a la universidad, encontraríamos un trabajo, formaríamos una familia y seguiríamos siendo amigas para siempre. Todo parecía claro y sin sorpresas.

Pero también recuerdo que mi momento favorito del año era irme sola al extranjero. Desde los diez años pasaba un mes del verano en una escuela de Irlanda o Estados Unidos para mejorar mi inglés. No aceptaba acompañantes y nadie me conocía en mi destino. Me sentía libre y ligera. Podía ser como quisiera ser, no necesitaba encajar ni agradar a los demás. Simplemente era yo misma, aunque de esto me percaté con el tiempo.

En *YO, EGO* cuento la primera vez que me atreví a nadar a contracorriente en una decisión importante. Desde los dieciséis años tenía claro qué carrera quería estudiar, elegida más por las recomendaciones familiares y el prestigio que tenía que por mi propio deseo. Pero a los cuatro meses decidí dejarla. No puedo explicar con palabras lo que sentí al hacer lo que yo quería y no lo que, se suponía, debería hacer. Con todas las opiniones de familiares, amigos y pareja en contra, lo hice. Joder, qué liberación. Esta sensación de gozo y libertad no venía por dejar la carrera, venía por tomar una decisión completamente alineada conmigo, a pesar del qué dirán.

Esta primera decisión marcó el inicio de mi viaje de autodescubrimiento y valentía: dejar trabajos estables, romper relaciones, seguir estudiando, emprender, caer y volver a levantarme, dejarlo todo, arriesgarme, VIVIR. Aprender a escucharme, entenderme, validarme, aceptarme, respetarme, amarme y ser siempre fiel a mí ha sido difícil, pero el mejor tiempo y energía invertida de mi vida. Hoy por hoy sigo identificando condicionamientos del qué dirán, incluso en las cosas más absurdas, pero cuando lo hago, lo dejo ir fácilmente.

Hace un par de años, cuando creía que la opinión de los demás estaba más que superada, me di cuenta de que seguía apareciendo de las formas más absurdas. Había viajado a otra ciudad para hacer una presentación de mi libro *YO, EGO*. Antes de empezar, la presentadora del evento me preguntó si estaba nerviosa, la sala estaba llena. Le dije que no y se quedó sorprendida. Le expliqué que no estaba allí para sorprender a nadie, había ido a compartir mi historia, y que la opinión que se forjara el público sobre mí, en realidad, no era importante. Si me quedaba en blanco o me caía en el escenario, sería una anécdota más que contar, soy humana. Ciertamente estaba tranquila y la exposición salió muy bien.

Sin embargo, a la mañana siguiente en el hotel me sorprendí dándole valor a la posible opinión de un desconocido. Tenía siete minutos para desayunar, ya que un taxi venía a recogerme para llevarme al aeropuerto. Cogí un plato y lo llené de comida a toda velocidad para que me diera tiempo a comer algo antes del vuelo. Cuando llegué a la mesa, me di cuenta de que era imposible acabar todo lo que había, así que empecé a devorar como si no hubiera tomado nada en varios días porque me preocupaba qué podría pensar el camarero habiendo cogido tanta comida y dejando la mitad. En ese momento escuché mis pensamientos y dije: «María, ¿es en serio?, para empezar, el camarero no va a pensar nada porque eres una clienta más entre cientos y le importa un comino lo que comas o dejes de comer y, para seguir, aunque pensara que estás desperdiciando comida —que es en verdad lo que estás pensando tú—, ¿a ti que más te da la opinión de este señor?». En ese momento dejé el plato y me fui al taxi tranquila.

Si un simple encuentro con un desconocido puede llevarnos a cuestionarnos, ¿qué pasa con las opiniones de nuestros familiares, amigos, compañeros de profesión o los miles de *haters* que se esconden en las redes sociales? Si no aprendemos a no tomarlo todo de manera personal y no comenzamos a conocernos, querernos, respetarnos y validarnos a nosotros mismos, el juicio ajeno nos llevará por delante.

Pero esto no va únicamente de que nos duelan, molesten o condicionen los juicios de los demás. También trata de todas esas veces que no supimos decir no por miedo al rechazo, por no querer incomodar, por evitar el conflicto o por el simple hecho de agradar. De todas esas veces en que nos relegamos a un segundo plano para complacer a otros en un intento de sentirnos queridos o aceptados. De cuando dejamos de vernos para que nos vea el otro, conduciéndonos a una derrota asegurada.

Vivir en piloto automático permite que el ego y los condicionamientos adquiridos tomen el control de nuestra vida sin que apenas nos demos cuenta. Por eso es tan importante conectar con nuestro verdadero ser, conocerse en profundidad, ser capaces de encontrar nuestras propias respuestas y anteponer nuestra voz interior a cualquier otra. Por eso es tan importante ser fiel a uno.

En el terreno profesional, no me he cansado de ver a personas atrapadas, reprimidas, limitadas y sumidas en la tristeza o desesperación por la influencia del qué dirán. Muchas son conscientes del enorme peso que las opiniones de sus padres, parejas o su círculo cercano ejercen sobre ellas. Sin embargo, muchas otras atribuyen estos sentimientos a miedos o inseguridades personales. Pero aquí surge la pregunta: ¿miedo a qué, exactamente? Estas suelen ser las respuestas o miedos más repetidos:

— al fracaso,
— a decepcionar,
— a equivocarme,
— a las opiniones ajenas,
— a no ser suficiente,
— al rechazo,
— a la soledad,
— a no cumplir con las expectativas,
— al ridículo.

El ego vuelve a ser el protagonista, manteniéndose a salvo en su zona de confort, actuando desde el miedo y evitando el rechazo a toda costa. Nos muestra su tendencia a poner el foco fuera, haciendo que nos olvidemos de nosotros, llenándonos de excusas y límites que nos impiden elegir nuestra verdadera vocación y pasiones. Cuando miramos dentro, empezamos a descubrir los verdaderos deseos y capacidades, permitiéndonos avanzar hacia una vida más auténtica y satisfactoria.

Sin embargo, esto que te voy a contar, puede parecer un tanto contradictorio. Quería ir más allá de las experiencias de mis clientes, de mi entorno o incluso de mis propias vivencias. La idea era ampliar la perspectiva y poder reflexionar juntos, así que recurrí a mi comunidad en redes sociales para plantear una pregunta que nos hiciera pensar en lo que realmente valoramos. La pregunta fue la siguiente:

Si mañana un meteorito destruyese la Tierra, ¿de qué te arrepentirías?

Creo que es una cuestión que nos invita a ir más allá del ruido diario y de las preocupaciones superficiales. Nos fuerza a mirar más allá de las expectativas sociales, las presiones del entorno y la dictadura del ego, llevándonos a un espacio de honestidad brutal con nosotros mismos.

Entre todas las respuestas, hubo siete arrepentimientos que se repetían sin cesar, reflejando un anhelo por una vida más auténtica y satisfactoria:

1. No haberme querido, priorizado y cuidado más.
2. No haber disfrutado la vida.
3. Haber trabajado tanto.
4. No haber sido fiel a mí por miedo al qué dirán.
5. No haber expresado mis sentimientos a mis seres queridos.
6. No haber pasado más tiempo con mis seres queridos.
7. Haberle dado importancia a cosas o personas que no la tenían.

Cada una de estas respuestas pasa por una conexión profunda con uno mismo. No hay cosas materiales, no hay logros, no hay ambiciones ni ningún otro foco puesto en lo que piensen, digan o vean los demás. Sin embargo, seguimos viviendo desde ahí.

Quiero compartir contigo los recursos y herramientas que puedan ayudarte a liberarte, de una vez por todas, del qué dirán para poder vivir a tu manera. No se trata de que todo te importe una mierda, pero sí de que tú elijas qué es aquello que te importa de verdad.

Antes de empezar, por si todavía te queda alguna duda, te dejo una *checklist* para que descubras si te condiciona la opinión de otras personas:

Cómo saber si me condiciona el qué dirán

1. ¿Pides opinión cuando tienes que tomar cualquier decisión, incluso la más pequeña? ☐
2. Si alguien no está de acuerdo con tu opinión, ¿te la cuestionas automáticamente? ☐
3. ¿Cambias tu forma de vestir o actuar dependiendo de con quién estés? ☐
4. ¿Te preocupas constantemente por cómo te perciben? ☐
5. ¿Evitas expresar tus verdaderos sentimientos por miedo a ser juzgado? ☐
6. ¿Has dejado de hacer algo que en realidad querías por miedo a lo que dirían los demás? ☐
7. ¿Te sientes incómodo si destacas o eres el centro de atención? ☐
8. ¿Te cuesta decir «no», incluso cuando no quieres hacer algo? ☐
9. ¿Revisas tus publicaciones en redes sociales varias veces preocupado por las reacciones? ☐

10. ¿Prefieres seguir la opinión mayoritaria en lugar de expresar una diferente? ☐

11. ¿Te sientes mal si no cumples con las expectativas de los demás? ☐

12. ¿Te preocupa que tus elecciones de vida sean juzgadas por familiares o amigos? ☐

13. ¿Te sientes presionado a mantener una cierta imagen? ☐

14. ¿Evitas tomar riesgos por miedo a fallar y ser criticado? ☐

15. ¿Tus decisiones están más influenciadas por los consejos de otros que por tu intuición? ☐

16. ¿Sientes que debes justificar tus acciones o decisiones continuamente? ☐

17. ¿Tienes miedo de ser rechazado si muestras tu verdadero yo? ☐

18. ¿A menudo te comparas y te preocupas por no estar a la altura? ☐

19. ¿Te sientes culpable cuando haces algo que va contra las normas sociales, aunque te parezca injusto o no conecte contigo? ☐

20. ¿Te cuesta estar en desacuerdo con alguien por miedo a perder su aprobación? ☐

21. ¿Piensas más en las consecuencias sociales de tus acciones que en tus deseos personales? ☐

22. ¿Te sientes obligado a seguir tradiciones o costumbres, incluso si no estás de acuerdo con ellas? ☐

23. ¿Sientes que necesitas la validación de otros para sentirte bien contigo? ☐

24. ¿Te preocupa ser etiquetado o juzgado por tus elecciones? ☐

25. ¿Tus metas y sueños se han visto afectados por la opinión de los demás? ☐

26. ¿Te sientes ansioso cuando piensas en ir en contra de la corriente? ☐

27. ¿Has dejado de lado tus pasiones por seguir el camino «seguro» recomendado por otros? ☐

28. ¿Te preocupa decepcionar a las personas incluso cuando actúas de buena voluntad? ☐

29. ¿Evitas discutir temas controvertidos para no crear conflictos o tensión? ☐

30. ¿Sientes que vives más para satisfacer a los demás que a ti? ☐

1
¿Por qué me importa el qué dirán?

Si alguna vez te has preguntado por qué te importan tanto las opiniones de los demás o por qué condicionan tu estado de ánimo o decisiones, déjame decirte que no es a ti a quien le afectan, sino a tu ego. En este capítulo exploraremos cómo se ha ido alimentando de diferentes factores que hacen que te importe más o menos el qué dirán: analizaremos la influencia de la familia y de la infancia, el entorno del que nos hemos rodeado, el verdadero rol de nuestra condición humana al ser seres sociales por naturaleza, así como las experiencias personales.

El papel del ego

El concepto de ego es complejo, así que voy a intentar explicarlo de una manera sencilla por si no estás familiarizado con él. Como hemos visto antes, son las gafas con las que interpretas el mundo. Es el personaje que se ha ido formando desde que naciste, condicionado por todas las interacciones y la información absorbida del entorno. Está compuesto por las creencias y juicios con los que hemos construido nuestra realidad. Es el encargado de nuestra vida cuando estamos en automático, que es casi todo el tiempo. Sin embargo, tú no eres tu ego. Eres un ser que tiene ego. Es importante tener clara esta dualidad, ya que será la clave para vivir en paz.

El ego es el responsable de tu sufrimiento.

Las siete características para distinguirlo son:

1. Identificación con lo externo. Se identifica con creencias, juicios, emociones y experiencias que no te definen esencialmente. Por eso la gente se enfada o se ofende cuando juzgas una cultura, una religión, una sociedad, una profesión, un equipo de fútbol, un *hobby* o un partido político, porque se están identificando con ello. Lo interpretan como si los estuvieses juzgando.

2. Búsqueda de aprobación y reconocimiento ajeno. Al estar formado por influencias externas, busca validación fuera, temiendo el rechazo y construyendo una identidad de acuerdo con la percepción de los demás.
3. Vivir desde el miedo. Una de sus funciones principales es protegerte, así que piensa y actúa desde el miedo, manteniéndote en tu zona de confort para evitar cuestionamientos o cambios que podrían amenazar su estructura. Sería un fiel representante de la frase «más vale malo conocido que bueno por conocer».
4. Máquina de juicios. Es el guardián de las creencias y opiniones. Toda la información que hemos ido recibiendo del entorno construye las gafas por las que vemos la vida. Así que es el responsable de nuestra percepción de la realidad.
5. Identificación con el hacer y el tener. Cree que eres lo que haces y lo que tienes. Así que tu valor va a depender de aquellas cosas que consigas y logres. Al identificarse con el hacer, el perfeccionismo y la exigencia llamarán a tu puerta con frecuencia.
6. Vivir en el pasado y en el futuro. En ellos habita la culpa y la ansiedad. Se pierde en lo que fue

y podría haber sido, y en la incertidumbre de lo que será, evitando el presente.

7. Egocentrismo. Todo gira en torno a él, interpretando las situaciones de manera personal y limitando la capacidad de ver más allá.

Cuando vivimos desde el ser, los juicios, los miedos y las inseguridades desaparecen para dar paso a la aceptación y el amor incondicional. Se produce una conexión genuina con lo que realmente eres y te permite vivir en el aquí y el ahora de una forma consciente.

Pero me temo que no podemos eliminar al ego, es una parte de nosotros que nos acompañará siempre. No podemos vivir conscientes las veinticuatro horas del día, así que seguirá llevando las riendas cuando estamos en automático. Entonces, ¿estamos condenados al sufrimiento por lo que pasa fuera de nosotros? Por suerte, no. Significa que tenemos que educarlo para que sea nuestro aliado y no nuestro enemigo. Transformar el ego implica aprender a interpretar la realidad de forma más amable y constructiva, eligiendo creencias y valores que resuenen con el interior y guiando la vida con mayor coherencia. Por ejemplo, en vez de juzgarte como un inútil porque te has equivocado en un informe que tenías que entregar en el trabajo, puedes ser amable, aceptar que eres humano y que te equivocas, rescatar los aprendizajes y juzgarte como un buen trabajador a pesar del error.

Los valores que elegimos como guía son, en esencia, juicios basados en las experiencias, creencias y aprendizajes. No hay valores mejores o peores *per se*; son reflejos de lo que cada uno de nosotros considera importante y significativo. La clave está en seleccionar aquellos que nos resuenen de verdad, más allá de las expectativas o influencias externas.

La transformación del ego no implica su eliminación, sino su educación y evolución para que nos permita vivir en armonía con nosotros y con el entorno.

RECUERDA

— El ego es el personaje que se ha ido creando desde que naces y forma parte de ti.
— Busca el reconocimiento externo, ya que se valida a través de los demás.
— Busca también protegerte, haciendo que te quedes en tu zona de confort.
— Puedes transformar el ego para vivir más alineado contigo.

La familia

Quiero invitarte a que visualices cómo eras al nacer. Es probable que te imagines a un ser precioso, puro y auténtico. Los bebés no tienen miedo a mostrarse tal y como son, o a expresar sus emociones y necesidades; exploran con una curiosidad innata, se caen y se levantan una y otra vez cuando aprenden a caminar, se sienten con confianza y seguros de sí mismos. En nuestros inicios, prácticamente vivíamos en un estado libre de juicios y percepciones que nos permitía ser.

No tengo claro que nazcamos como un lienzo en blanco, hay muchas opiniones y teorías al respecto. Sin embargo, en términos conscientes y de cómo empezamos a percibir el entorno, puede ser una buena analogía. Desde nuestra concepción, estando incluso en el vientre materno, comenzamos a absorber información. Los padres o cuidadores principales se convierten en la primera fuente de conocimientos, pero no solo nos ofrecen datos visuales o auditivos; la manera en que interactúan con nosotros, cómo responden a nuestras necesidades, el tiempo que nos dedican y el ambiente emocional que crean contribuye profundamente a la percepción inicial del mundo y de nosotros.

Establecemos nuestras primeras impresiones sobre la seguridad, el amor, la confianza y la aceptación, que se convierten en los cimientos sobre los que construimos nuestra relación con nosotros y los demás. El afecto, el apoyo, el sostén, la validación, así como la ausencia de estos determinan cómo empezamos a ver el mundo y definen nuestro lugar en él.

Así, la familia o cuidadores principales se convierten en el primer espejo de nuestras vidas, reflejando y modelando las primeras imágenes de quiénes somos.

Creencias familiares

Las creencias familiares son el molde inicial sobre el que se forman nuestras primeras ideas del mundo, de nosotros y de los demás. Desde pequeños absorbemos las opiniones y valores de los padres o cuidadores casi sin filtro, ya que representan las figuras de autoridad y guía inmediatas. Es por ello por lo que adoptamos sus creencias y perspectivas de la vida. Muchas pueden ser útiles y poderosas, pero nos encontraremos con otras que nos limiten y nos dañen.

El problema aparece cuando nos convertimos en adultos y no nos hemos cuestionado las heredadas. Si bien es imposible analizar todas las que tenemos, sí podemos revisar aquellas que nos perjudican o nos condicionan. Estas pueden abarcar desde nuestros valores principales y el estilo de vida que tenemos hasta las personas de las que nos rodeamos, o cómo es la forma de entender la felicidad.

Hace unos meses hice una reflexión con mi hermana sobre aquello que nos gustaría heredar o haber heredado de nuestros padres, y lo que no queremos heredar o nos gustaría dejar atrás. De esta conversación salieron muchas creencias o actitudes que considerábamos poderosas, como la independencia, la organización o el positivismo, y otras que por suerte no habíamos heredado o que estábamos trabajando en ello para soltarlas, como el rencor, la necesidad de agradar o el control, ya que nos estaban limitando.

A lo largo de los años he podido comprobar que, además, puede haber una lealtad encubierta a nuestra familia que nos impide pensar o actuar diferente a ella. Incluso reconociendo las creencias que nos limitan, sentimos como una traición actuar de forma diferente.

Sandra no quería un trabajo «serio»

Sandra tenía veintinueve años y se sentía desmotivada desde hacía tiempo. Decía que su trabajo como asesora no la llenaba y llevaba varios meses presentándose sin éxito a diferentes ofertas en otros sectores.

Para enfocar el tiro, empezamos a indagar en aquellas cosas que disfrutaba y le llenaban el alma. Me dijo que le encantaban el yoga y la meditación. Asistía a clases tres veces por semana y era su momento favorito. También había hecho una formación en meditación y *mindfulness* y le gustaba estar actualizada.

Le formulé la pregunta mágica:

—¿Cómo sería tu situación ideal si tuvieras una varita mágica y pudieras conseguir lo que quisieras?

La respuesta estaba clara:

—Me dedicaría a impartir talleres y formaciones de meditación y *mindfulness*.

¿Cuáles eran los límites, miedos, inseguridades o bloqueos que tenía Sandra para no focalizarse en aquello que le apasionaba? Te comparto algunas de sus creencias:

— «No es un trabajo serio».
— «Es muy difícil emprender».
— «No soy suficientemente buena».
— «No seré capaz».
— «Eso no es para mí».
— «Qué van a pensar»...

Me contó también que cuando empezó a hacer yoga y meditación, compartió con sus padres lo mucho que le gustaba, pero no le dieron importancia. Para su familia eso era para personas «místicas» y no entendían qué hacía su hija en ese ambiente. Todos trabajaban por cuenta ajena y resaltaban la seguridad de tener un sueldo a fin de mes. Así que cuando les comunicó que no estaba a gusto en su actual trabajo, la animaron a buscar otro.

Sandra sabía lo que le apasionaba e ilusionaba, pero la influencia familiar le impedía planteárselo de verdad.

Cuando esto ocurre, es importante hacer una revisión de todas las creencias limitantes que nos han condicionado para cambiarlas por aquellas que resuenan con nuestro interior. Hacerlo no te asegura el éxito o la ausencia de miedo, ya que necesitarás trabajo, esfuerzo, confianza, formación y acción para conseguirlo. Pero sí te asegura empezar a tomar acción siendo fiel a ti y en coherencia con tu ser, y eso ya es un éxito.

En la familia de Alba no se estudia

Alba tenía veinticuatro años y trabajaba en una empresa de limpieza de unos grandes almacenes. Llevaba cinco haciendo lo mismo y siempre soñaba con ayudar a la gente.

Desde pequeña se interesó por la salud, le encantaba jugar a los médicos y se apasionaba estudiando biología en el instituto.

Cuando terminó el bachillerato, se puso a trabajar en la misma empresa donde estaba ya su madre para ayudar en casa y tener dinero para sus gastos. Su padre era camionero y estaba muchos días fuera, así que se alegraba de poder pasar más tiempo con su madre trabajando juntas.

Un día, Alba le contó a sus padres que estaba interesada en estudiar para ser auxiliar de enfermería. Era un sueño que le ilusionaba y creía que podía irle muy bien. En ese momento su padre le intentó quitar la idea de la cabeza:

—En esta familia no somos de estudiar. Deberías estar agradecida por tener un trabajo estable. Agradece que puedes trabajar con tu madre —le dijo.

Así que Alba se llenó de culpa y desilusión, como si hubiera sido una tonta por plantearse hacer otra cosa. Quizás su padre tenía razón y estaba siendo demasiado caprichosa, quitándole valor al trabajo de su madre y no siendo agradecida.

La mayoría de los padres dan consejos desde el amor, pensando que es lo mejor para sus hijos. Proyectan sus propios límites e inseguridades sobre ellos sin ser conscientes de las consecuencias. Y los hijos no suelen cuestionar las creencias de sus padres porque sienten mayor seguridad aceptando sus opiniones y dejándose llevar por ellas.

¿Qué va a pensar la gente?

¿Te suena esta frase? Probablemente sí. Incluso si no te lo han dicho a la cara, seguro que has sentido la presión de cumplir con las expectativas de cómo debes vestirte para ir a determinados eventos, cómo tienes que comportarte, qué deberías estudiar, qué puedes decir en público o cómo no molestar a los demás.

Recuerdo cómo mi padre siempre me decía que me peinara. Los «¿vas a salir así?» de mi madre en mi adolescencia o los «ponte guapa» de mi abuela cuando tengo algún evento. Hoy en día mi padre sigue diciéndome que peine a mis hijas, y algunos familiares sugieren que deben arreglarse para salir a la calle. No sé si me estaré equivocando, pero me encanta que mis hijas quieran explorar su individualidad saliendo con cinco trenzas y la sudadera de Frozen combinada con una falda de princesa. Espero que sus gustos y su libertad de elegir estén siempre por encima de lo que se espera de ellas.

Piensa en tu propia experiencia. ¿Qué importancia le daban tus padres a la opinión de otra gente? De cara a la galería, quizás eran fundamentales las elecciones académicas o profesionales que elegías, las personas con las que te relacionabas, tus gustos o *hobbies*. Tu estilo de vida, tus metas y logros o la imagen que proyectabas a los demás. Es posible que también percibieras en ellos cómo arreglaban la casa o se preparaban para las visitas, qué vestimenta elegían según a quién iban a ver, a qué le daban valor o qué comentaban acerca de las opiniones o decisiones ajenas. La realidad es que hemos sido moldeados, de manera directa e indirecta, sobre qué peso le damos a la opinión ajena, sin realmente cuestionarnos su verdadero valor en nuestras vidas.

Pero más allá del qué dirán y del poder que decidamos darle: ¿qué te hace pensar que la gente va a estar pensando en ti? Aquí es donde entra en juego el egocentrismo del ego, que exagera nuestra importancia en el universo de los demás. Este punto lo exploraremos a fondo en el último capítulo.

Amor familiar

La forma en que nos han hecho sentir nuestros padres o cuidadores, y cómo han sido capaces de satisfacer nuestras necesidades vitales y emocionales determinará la percepción que tenemos sobre nosotros y la forma de relacionarnos.

Es posible que hayas oído hablar de la teoría del apego de John Bowlby, centrada en el vínculo que se forma con nuestros padres o cuidadores principales. Más allá de las necesidades básicas para la supervivencia, como el alimento, el descanso, la seguridad o la higiene, tenemos otras emocionales, cruciales para el desarrollo. Según cómo nos atiendan, entiendan y respondan, desarrollaremos un estilo de apego u otro. Para Bowlby, existen cuatro tipos de apego según la atención que recibimos:

— Seguro. Los padres o cuidadores responden de manera atenta y responsable a nuestras necesidades. Nos alimentan cuando tenemos hambre, nos calman cuando lloramos, nos cambian cuando lo necesitamos, mantienen contacto físico continuado, nos expresan amor y nos transmiten seguridad. Son considerados, predecibles, presentes y emocionalmente estables. Son un faro que siempre ilumina nuestro camino.
— Ansioso. Los padres responden de modo inconsistente a nuestras necesidades. Pueden ser muy atentos y, de repente, dejar de serlo; nos calman algunas veces, pero no otras; pueden tener dudas de cómo actuar, sostener o satisfacer nuestras necesidades. Son padres impredecibles que generan incertidumbre de cómo van a respon-

der. Son una luz intermitente que nos confunde y genera ansiedad.

- Evitativo. Los padres son distantes, dan pocas muestras de afecto y atención. Pueden invalidar nuestras emociones no haciendo caso a los reclamos cuando éramos bebés. Su luz es un espejismo que cuando lo necesitas desaparece.
- Desorganizado. Los padres son impredecibles y suelen tener comportamientos abusivos tanto física, como emocionalmente. No pueden hacerse cargo de las necesidades de sus hijos y cometen negligencias. Esto puede deberse a problemas de salud mental, su propia situación emocional, traumas no resueltos o abuso de sustancias. Sin luz, navegamos en un mar lleno de tormentas.

La forma en que nos ven y nos tratan nuestros padres o cuidadores es la forma en que aprendemos a vernos, tratarnos, valorarnos y respetarnos. No ser visto, reconocido, cuidado o amado en la infancia tiene consecuencias catastróficas en nuestro desarrollo y evolución. Los niños aprenden que no son importantes, que no son suficientes, que no son dignos de merecer amor. Interpretan que hay algo malo en ellos. Crecen así con una desconexión profunda consigo mismos que hará más probable que busquen en los demás el amor, la validación y la aprobación que no recibieron.

Aprendemos que el amor es condicional cuando nos retiran el cariño o la atención cuando no pensamos o actuamos como ellos esperan, y nos felicitan, aplauden o compensan al cumplir con sus expectativas. Esto lleva a una creencia de que el amor hay que ganárselo y de que hay que adaptarse a lo que esperan de nosotros para ser queridos.

Como hemos visto, en la infancia buscamos desesperadamente la aprobación y validación de los padres. Nuestra supervivencia depende de ellos, y necesitamos amor para desarrollarnos psicológica y emocionalmente.

Cuando crecemos, muchos de nosotros, aun siendo personas independientes, capaces y libres para tomar decisiones propias, seguimos buscando esa aprobación si no hemos hecho una revisión de nuestras nuevas necesidades o de cuál es nuestra perspectiva sobre ello.

Quiero que papá se sienta orgulloso de mí

Hace poco escuché una entrevista en la que preguntaban al invitado cuál era su mayor inseguridad. Contestó que su padre se sintiera orgulloso de él. Ese mismo anhelo manifestó otro entrevistador que sigo con frecuencia. Ambos eran hombres adultos, exitosos, mayores de veinticinco años. Rápidamente, conecté con el niño que no se sintió reconocido, visto o valorado y se me cayó una lagrimilla.

A los hijos nos cuesta humanizar a los padres. Dejar de verlos como «todopoderosos», que todo lo saben y todo lo deberían hacer bien, para ver a las personas que hay detrás de ese papel. Son individuos que tienen sus propias heridas, miedos e inseguridades. Personas que también pueden tener estrés, ansiedad o depresión, y que están haciendo lo que pueden, con los conocimientos y recursos que tienen.

Piénsalo. Tus padres, tan importantes para ti, y cuyo reconocimiento buscas con tanto anhelo, son invisibles para el resto de la humanidad. Son solo uno más entre los ocho mil millones de seres que habitan el planeta. Solo tú los has convertido en los grandes referentes, pero son igual de imperfectos que los demás. Dejar de endiosarlos y reconocer su humanidad es tremendamente liberador. Dejar de intentar gustar, agradar y complacerlos por encima de todo hace que puedas empezar a vivir tu propia vida y no aquella que crees que se espera de ti.

RECUERDA

— La familia es la primera fuente de información que tienes.

— Adaptas las creencias y juicios que has aprendido desde pequeño.

— Si no te cuestionas lo aprendido, vivirás desconectado de ti.

— El amor y la atención que recibes en la infancia afectará de forma directa a tu autoestima, a la manera de relacionarte y a la importancia que le des a las opiniones ajenas.

El entorno

Según vamos creciendo, el entorno va ganando protagonismo y empezamos a prestar más atención a los familiares, amigos, compañeros y profesores. También el barrio, la ciudad o el país en el que crecimos serán los protagonistas de crear nuestros mapas mentales. No tendremos las mismas creencias, juicios o costumbres habiendo nacido en España que en Japón.

Sin embargo, más allá de las diferencias culturales, vamos a centrarnos en las personas que nos rodean y cómo nos condicionan.

Después de los primeros años, en los que el apego es crucial, los niños empiezan a explorar el mundo más ampliamente, interactuando con otros chicos, buscando el juego y relacionándose con los demás.

Como madre de dos niñas pequeñas, observo fascinada cómo mis hijas adoptan comportamientos y preferencias basadas en sus interacciones con amigos, mostrando cuán poderosa puede ser la influencia de los iguales incluso a temprana edad. Un día llegan con el velcro de las zapatillas en forma de cruz porque se lo han visto a un compañero, los calcetines ya no se pueden subir hasta arriba y lo primero que se ponen al vestir son siempre, sin excepción, los calcetines. La más pequeña copia a la mayor en todo lo que hace, busca agradarle y que la acepte. Todo esto es normal, forma parte de su proceso de aprendizaje, hasta que tienes veinticinco, cincuenta o setenta años y sigues haciendo lo que hace y quiere el resto.

La adolescencia también es un período clave en la búsqueda de la identidad. El sentido de pertenencia al grupo es decisivo y nos adaptamos a las circunstancias para encajar. Es muy gracioso ver con perspectiva cómo la mayoría de los adolescentes se cortan el pelo igual, llevan la misma ropa y utilizan la jerga del momento que otras generaciones somos incapaces de entender.

Después del divorcio de mis padres me convertí en una adolescente rebelde. Para cumplir con mi nuevo rol, tuve que aprender las características propias de la rebeldía. Estéticamente, me compré ropa tres tallas superior a la mía, collares y pulseras con pinchos y me teñí el pelo de negro. Ser expulsada de clase era un requisito indispensable cada día. Me esforzaba para ello. La agenda escolar tenía que terminar el curso académico llena de partes por mal comportamiento. ¿Me gustaba mi nuevo rol? ¿Vivía conectada conmigo misma? No, me estaba protegiendo bajo ese papel de tipa dura.

Como hemos visto con nuestros padres, no solo influye lo que vemos o aprendemos de los demás, también cómo nos hacen sentir. Si nos hemos sentido vistos, aceptados, valorados y queridos, o todo lo contrario, marcará nuestra propia percepción y la forma de relacionarnos.

Descubrir «las cinco heridas de la infancia», de Lise Bourbeau, me pareció una guía muy potente para entender cómo nos sentimos y nos relacionamos. Prefiero llamarlas heridas emocionales porque considero que no solo se producen en la infancia. Aparecen ante aquellas experiencias que suponen un impacto emocional fuerte que no sabemos cómo gestionar.

Si hemos experimentado alguna de estas heridas de nuestros padres en la niñez, tendrá un peso mucho más importante que si las hemos experimentado por parte de un compañero de clase, un amigo o una pareja. Pero también he visto heridas muy profundas provocadas por estos últimos.

Te adelanto que todos tenemos casi todas las heridas en mayor o menor medida. Estas son las de abandono, rechazo, humillación, traición e injusticia. Si te han hecho *bullying* en el colegio, es probable que tengas una herida de rechazo y humillación profunda. Si tus amigos te han dejado de lado, quizás sientas más la herida de abandono, traición o injusticia. Si una pareja te ha maltratado, o sido infiel, es probable que también te haya dejado alguna que pueda estar condicionándote hoy.

Los celos de Gabriela y su herida de traición

Gabriela se sentía frustrada en su relación de pareja. Era muy desconfiada y su novio estaba empezando a cansarse por su necesidad de control y sus celos. Al parecer, él no le había dado motivos para que ella desconfiara, pero Gabriela no podía evitarlo.

En su relación anterior, su pareja le había sido infiel reiteradas veces, pero ella siempre quiso confiar en su palabra, por lo que acababa creyéndose todas sus mentiras hasta que se hizo evidente e innegable.

Por otro lado, su padre también había sido infiel a su madre durante varios años, y había descubierto problemas familiares que sus padres habían ocultado para protegerla. Conclusión: aprendió que no se podía confiar en nadie. Herida de traición e injusticia localizada.

Aquellas experiencias que Gabriela vivió condicionaron su forma de relacionarse, destapando sus miedos y sus creencias limitantes que no la dejaban estar en paz. Lo que hicieron dos personas importantes en su vida se convirtió en una generalización para ella.

Siendo adultos, la influencia del entorno sigue estando muy presente. Seguramente, tendremos amistades con creencias y valores similares a aquellos con los que hemos crecido, ignorando si en realidad encajamos ahí.

Alejandra se avergüenza de su marido

Alejandra sufría porque muchas veces se avergonzaba de su marido. Se había criado en un ambiente tradicional y él no siempre cabía en el molde donde Alejandra había crecido.

A Eduardo, su marido, no le importaba su vestimenta, así que Alejandra supervisaba lo que se ponía antes de salir, sobre todo si habían quedado con amigos. El hombre tenía una mentalidad menos conservadora y muchas veces daba su opinión en las sobremesas, aunque fuera distinta a la del grupo. Eduardo no encajaba y no le importaba lo más mínimo, pero Alejandra se avergonzaba de él, o eso creía.

El verdadero problema venía porque Alejandra realmente no se avergonzaba por la forma de ser de su marido, se avergonzaba por el qué dirán. En el fondo, envidiaba su despreocupación por arreglarse y su libertad para dar su opinión, aunque no encajara con el grupo. Eduardo era auténtico y, si reflexionaba sobre ello, admiraba esta parte, pero parecía que el qué dirán estaba pesando más que sus verdaderos sentimientos. Al avergonzarse de él, Alejandra sentía que le estaba traicionando y en el fondo también a sí misma. Por eso es importante hacer una revisión de las creencias y prioridades, para dejar de vivir en un molde que nos aprieta y nos va ahogando poco a poco. Para permitirnos ser auténticos, a pesar del qué dirán.

RECUERDA

— Empiezas a explorar el mundo y tu identidad a través del entorno.
— La familia, los amigos, los compañeros y profesores tienen una labor muy importante en la forma que tienes de verte y valorarte.
— El entorno puede provocarte heridas emocionales que te acompañen toda la vida si no las sanas.
— Puedes convertirte en esclavo del entorno, haciéndote dudar de ti.

Seres sociales por naturaleza

Decía Aristóteles que el hombre es un ser social por naturaleza. Desde los orígenes, la interdependencia ha sido clave para la supervivencia y evolución como especie. Nos hemos necesitado unos a otros para sobrevivir.

Desde esta perspectiva evolutiva, aquellos individuos que colaboraban y establecían vínculos sólidos tenían mayores probabilidades de subsistir. La colaboración facilitaba actividades esenciales como la caza, la recolección de alimentos, la agricultura, la reproducción, la crianza de los hijos y la defensa contra depredadores. Desde una perspectiva neurocientífica, se ha comprobado que el cerebro humano está estructurado para las relaciones sociales. Un ejemplo de ello es la oxitocina, también conocida como la hormona del amor, que nos ayuda a formar vínculos sociales y a regular el comportamiento social. Además, áreas del cerebro como la ínsula y el cíngulo anterior están involucradas en el procesamiento de la empatía y la cooperación. Desde la perspectiva de la psicología social y del desarrollo, la necesidad de pertenencia se identifica como un imperativo psicológico fundamental. Tal como lo ilustra la teoría del apego, los vínculos establecidos desde el nacimiento son necesarios para un desarrollo emocional y psicológico saludable. La manera en que experimentamos el amor, tanto en la recepción como en la entrega, es determinante para el bienestar.

Por otro lado, la interacción social supone una pieza clave en el aprendizaje y desarrollo cognitivo. Aprendemos unos de otros, no solo para sobrevivir, también para mejorar la calidad de vida y satisfacer nuestras necesidades.

En la sociedad actual en la que vivimos, dependemos unos de otros para la prestación de servicios o productos que nos facilitan la vida. Sin embargo, creo que no hay que ser extremadamente social ni asumir que una mayor sociabilidad es sinónimo de mejor calidad de vida. No todo es válido en las relaciones. Considero fundamental que evaluemos el tipo de personas con quienes nos relacionamos, puesto que es preferible estar solo que mal acompañado. Siempre existe la oportunidad de establecer nuevos lazos y construir una nueva red de apoyo. Es importante reconocer que, dentro de nuestra individualidad, las necesidades de socialización varían. Mientras algunas personas pueden querer quedar con otras personas semanalmente, otras pueden pasar meses sin interactuar con alguien fuera del círculo familiar.

A lo mejor eres una de esas personas que se han sentido raras al querer pasar más tiempo a solas, o no tienen tanta necesidad de relacionarse con los demás con frecuencia.

Estuve años intentando averiguar si tenía alguna tara por no considerarme «tan social por naturaleza». Aunque tengas dos amigos, estás relacionándote constantemente con tu pareja, familiares, compañeros de trabajo, o de forma virtual a través de mensajes y llamadas. Hoy en día no necesitamos encajar para cubrir las necesidades básicas, ya que podemos adquirir los servicios o productos que precisamos sin necesidad de agradar o, incluso, interactuar con otros. Permítete ser como te apetezca y libérate de la presión de agradar a todo el mundo.

RECUERDA

— Somos seres sociales por naturaleza, pero no a cualquier precio.
— Necesitas a los demás para desarrollarte y evolucionar, pero no a cualquiera.
— No hay nada malo en ti si no eres tan sociable como otras personas.
— En tus relaciones, elige siempre la calidad del vínculo, no la cantidad.

Experiencias de vida

Las experiencias que vivimos son determinantes en la importancia que le damos al qué dirán. Los sucesos traumáticos o las heridas emocionales que cargamos a las espaldas pueden anularnos de tal manera que destrozan nuestra autoestima y confianza.

El *bullying* en el colegio, el *mobbing* laboral o el maltrato por parte de una pareja son ejemplos de situaciones que pueden causarnos un gran impacto emocional, llevándonos a cuestionar nuestra valía. Son experiencias muy dolorosas que nos van empequeñeciendo y nos hacen dudar de todo.

María se perdió a sí misma con sus amigos

Cuando María tenía veintitrés años, no sabía qué hacer con su vida. Recién graduada y a punto de empezar sus prácticas en una gran empresa, sentía una ansiedad que no lograba entender. Aunque vivía con sus padres en un bonito pueblo costero, tenía novio y a sus amigos de toda la vida, algo no iba bien.

Profundizando en aquellas situaciones que le producían mayor ansiedad, se dio cuenta de que la angustia venía de su grupo de amigos. Un par de años atrás, la habían dejado de lado por defender a otra amiga en un conflicto que a ella le parecía injusto. Estuvieron casi un año sin hablarse. Al reconciliarse, María vivía con miedo a ser juzgada y abandonada de nuevo. Así que cada vez que quedaban, se hacía invisible: callada, complaciente, siendo incapaz de expresar su opinión o sus emociones. Era como un robot que planeaba meticulosamente sus palabras y sus acciones, pendiente de cómo la percibirían. Tenía un montón de bucles mentales cuando llegaba a casa y analizaba todo lo que había sucedido en cada encuentro.

Esta situación la desgastó hasta el punto de perder su identidad casi por completo. No sabía qué le gustaba, qué le hacía feliz, ni siquiera cuál era su opinión sobre determinados temas ni qué decisiones debía tomar para su propia vida. Se había transformado en lo que creía que sus amigos esperaban de ella.

A veces, el precio que tenemos que pagar por pertenecer es demasiado alto. Perderte a ti mismo siempre será mucho más doloroso que perder a cualquiera, y el cuerpo, que es muy sabio, tiende a gritar que por ahí no es, a través de la ansiedad, dolores o enfermedades.

Además de las experiencias traumáticas, puede haber determinadas situaciones o relaciones que hagan que el organismo se manifieste como una señal de alerta, como por ejemplo un trabajo con un ambiente hostil, que te exija muchas horas o implique mucho estrés, o una relación tóxica que no estás queriendo o pudiendo dejar.

Si tu ego te traiciona, si el miedo empieza a dominarte, si no puedes pensar con claridad, escucha a tu cuerpo.
Él nunca falla.

En mi último trabajo por cuenta ajena, pasé mucho tiempo en el médico sin entender qué me sucedía. Tenía muchos problemas estomacales y, después de muchas pruebas, todo parecía estar bien. Había días que ni siquiera podía ir a trabajar, y me desmayé un par de veces sin motivo. Todo en menos de un año. Fue desesperante hasta que entendí lo que me estaba pasando. Comprendí que había dado un paso atrás en mi proceso, aceptando un trabajo por dinero que no encajaba con mis valores y con compañeros con úlceras en el estómago por el estrés. No fue algo traumático, ni siquiera me parecía tan agobiante, pero en el fondo de mi ser me estaba traicionando. Supe que cuando dejara ese trabajo, todo volvería a su sitio. Y así fue, dos semanas después de seguir mi camino, estaba perfecta. No volví a tener problemas de estómago ni a desmayarme.

Para muchas personas haber dejado el trabajo supondría dar un paso atrás, ya que tuve que volver a casa de mi madre y dejé de tener una fuente de ingresos. No podía salir a cenar con mis amigos y mucho menos irme de vacaciones. Pero empecé a ser feliz, pues estaba siendo fiel a mí y tomando decisiones alineadas con lo que realmente quería y sentía. Elegirte, a pesar del miedo, siempre es un acierto.

RECUERDA

— Las experiencias que has vivido a lo largo de la vida han podido generar traumas o heridas que no te dejan avanzar.
— Una mala experiencia puede destrozar tu autoestima, la confianza que depositas en los demás y crearte miedos que te paralicen.
— Cuando tengas dudas, escucha a tu cuerpo.
— Elígete siempre a ti primero.

2
¿Cómo me está perjudicando?

Las consecuencias de dar importancia al qué dirán van mucho más allá del plano emocional. A nadie nos gusta recibir críticas o juicios sobre nuestras creencias, decisiones o acciones, pero cuando dejamos de ser o de hacer lo que realmente queremos, para encajar en un molde que no es el nuestro, nos traicionamos, y ese dolor es mucho más fuerte que cualquier crítica.

Desconexión del ser

A la mayoría no nos han enseñado a conocernos, a gestionar las emociones o a mirar en el interior para descubrir nuestras propias respuestas y tomar decisiones alineadas con nuestro ser. La coherencia es la armonía entre pensar, sentir y actuar, pero brilla por su ausencia si no nos conocemos, no nos cuestionamos las creencias o no buscamos nuestras propias respuestas. Nos sentimos incómodos, perdidos, frustrados, desanimados, ansiosos o deprimidos cuando nos desconectamos de nuestro verdadero ser.

Pregúntate: ¿cómo veías el mundo antes de que te dijeran cómo debías verlo?

Detrás del ego están tus creencias, interpretaciones de la realidad, miedos e inseguridades. Cada uno es único y tiene sus propias características según la educación, la influencia social y experiencias de vida.

Puedes valorarte porque te sentiste importante, atendido y querido en tu infancia, pero también despreciarte porque te sentiste rechazado o abandonado. Puedes ver la vida con positividad y entusiasmo porque creciste en un ambiente sano, o ver todo negro después del dolor experimentado. Con esto quiero explicarte que el ego no es un rasgo de la personalidad que te hace ser una persona soberbia o prepotente, como muchos de nosotros hemos aprendido; puedes ser engreído, pero también sentirte invisible.

El ego es una parte de ti que siempre te acompañará, así que, igual que ha sido creado, también puede ser transformado. Como te contaba al principio, no se trata de eliminarlo, sino de transformarlo con amabilidad. Esto implica reevaluar las creencias, los juicios, los valores y las acciones. Elegir conscientemente cuáles son nuestras verdaderas opiniones sobre la vida, sobre nosotros y los demás. Elegir con libertad y conciencia aquello que queremos ser y hacer, libres de condicionamientos y del qué dirán.

Tu ser es tu esencia innata, pura, libre, sin capas, que vive en el momento presente desde el amor. Cuando salimos del piloto automático y conectamos con el verdadero ser, solo hay paz. La introspección, el silencio, la meditación, el contacto con la naturaleza, el amor, la gratitud y la aceptación plena nos reconectan con esta esencia.

Desde el ser, pero no siempre

Sin embargo, no siempre podemos ni queremos hacerlo. Pierre Teilhard de Chardin, un paleontólogo y filósofo francés, dijo una vez que somos seres espirituales viviendo una experiencia humana, y comparto su creencia. No podemos olvidar que somos humanos: cometemos errores, nos caemos, aprendemos, nos levantamos, crecemos, cambiamos y vivimos en sociedad.

Si te soy sincera, hoy por hoy no me apetece pensar desde el amor hacia una persona que maltrata a un niño. Entiendo todo el dolor que puede haber detrás de una persona así, pero mi ego coge la batuta y no pasa por el aro. Tampoco me apetece pensar desde el amor hacia una persona que es capaz de perjudicar, dañar o violentar a otra en su propio beneficio, así que mi ego lo juzga y decide poner límites. Los juicios son necesarios para vivir en sociedad, desenvolvernos en el mundo, ayudarnos a tomar decisiones y para formar nuestros valores. Y los juicios pertenecen al ego. Así que, simplemente, asegúrate de que sean tuyos, no impuestos.

Laura era una niña buena

Laura tenía treinta años. Desde pequeña había sido una «niña buena», amable, empática y dispuesta a ayudar a los demás. Trabajaba en una pequeña empresa donde siempre había muy buen rollo en el ambiente, hasta la llegada de su nuevo compañero.

Marco tenía una personalidad dominante y a menudo hacía comentarios despectivos hacia Laura y sus ideas, disfrazándolos de bromas. Al principio, Laura intentaba mantener la calma y mirar desde el amor y la comprensión hacia Marco, tratando de ver su comportamiento como un reflejo de su inseguridad interna. Sin embargo, con el tiempo, comenzó a darse cuenta de que su enfoque amable y compasivo no estaba cambiando la situación. Se sentía cada vez más desvalorizada y con bajo estado de ánimo. Mantenerse en su rol y querer ver desde el amor la estaba destrozando. Hasta que entendió que el respeto propio y establecer límites saludables también formaban parte de vivir alineado con uno mismo.

Así que Laura decidió pedir una reunión con Marco y su supervisor. En ella expresó cómo se sentía con los comentarios de Marco, no desde la ira o el reproche, sino desde un lugar de honestidad y vulnerabilidad. Explicó que valoraba un entorno de trabajo positivo y educado y que, aunque estaba abierta a críticas constructivas, las faltas de respeto no eran aceptables.

No siempre tenemos que actuar exclusivamente desde una perspectiva de amor incondicional hacia los demás, en especial cuando se trata de proteger el bienestar emocional. Establecer límites, cuando se hace con amabilidad y desde el corazón, es una extensión del amor hacia relaciones más saludables.

RECUERDA

— Cuando intentas encajar donde no te corresponde, te traicionas.
— Necesitas conocerte para saber si actúas en armonía con lo que piensas y lo que sientes.
— Tu ser es tu esencia innata, pura, libre, sin capas, que vive en el momento presente desde el amor.
— No siempre tienes que pensar o actuar desde el amor, es importante poner límites.

Necesidad de complacer y agradar

Desde la infancia, a muchos se nos inculca la idea de que debemos agradar, impulsándonos a priorizar a los demás por encima de nuestras necesidades y deseos. «Pórtate bien, sonríe, sé educada, haz todo lo que te digan, ayuda, no te quejes, se simpática, comparte, no molestes», se convierten en mantras de nuestra existencia. Esta premisa, justificada en educar a los más pequeños para vivir en sociedad, nos enseña que complacer a los demás es más importante que el bienestar personal.

Reflexionando sobre mi propia infancia, recuerdo la incomodidad de tener que demostrar afecto con abrazos y besos a familiares y conocidos, sonreír ante los apretones en los mofletes seguidos de «qué niña más mona» o tener que mantener una conversación con cualquier adulto sin que yo quisiera.

Este patrón de agradar se va extendiendo según nos hacemos mayores, haciendo que la imagen que creamos en los demás defina nuestra «identidad». Cuando tu identidad depende de aquello que opinen otras personas, inevitablemente caerás en la trampa de querer gustar a todo el mundo. Lo que opinen es lo que soy. Así que asegúrate de ser agradable, simpática, de no incomodar y de estar ahí siempre que lo necesiten. Ya si eso, tú vas después.

Estar disponible escuchando, consolando y dando consejos fue mi rol durante mucho tiempo. Y no hay nada de malo en ello, a menos que no estés para ti primero.

La primera vez que hice un proceso de *coaching* fue mientras estudiaba para certificarme como *coach*. La formación incluía tres sesiones y tenía que elegir un objetivo específico para trabajar. Fue entonces cuando descubrí un montón de información sobre mí misma. No recuerdo exactamente cómo surgió el tema, pero en algún momento empezamos a indagar en mi tendencia a actuar como la consejera no oficial de mis amigas. Mi *coach* me preguntó que cuándo dedicaba tiempo para cuidar de mí. Mi respuesta fue reveladora: mis problemas no eran tan importantes porque no sufría tanto y yo podía arreglármelas sola. Se me juntaba el rol de salvadora con dejarme en el banquillo para después. Si una amiga me llamaba o me escribía, respondía de inmediato, sin importar lo que estuviera haciendo. Mis cosas podían esperar. Me costaba horrores decir que no, hacía un montón de planes que no me apetecían y quedaba con gente que no me interesaba en absoluto.

Esta experiencia fue un gran punto de inflexión. Me di cuenta de que mis patrones de complacencia me habían llevado a descuidar mi propio bienestar. Este reconocimiento fue el primer paso para escucharme, atenderme y priorizarme, estableciendo límites sanos para no dejarme de lado.

Miedos

Querer agradar lleva implícito una serie de miedos. Te invito a que hagas la reflexión de si lo que estás haciendo por los demás lo haces desde un lado genuinamente desinteresado o desde el temor. Es importante ser sincero y desenmascarar al ego disfrazado de buen samaritano. ¿Tus acciones nacen del amor o del miedo? ¿Actúas desde tu esencia o desde tus inseguridades? ¿Buscas ser genuino o esperas conseguir algo a cambio? ¿Estas acciones enriquecen a tu ser o lo esclavizan?

Estos son los miedos más comunes que nos llevan a buscar la aprobación ajena:

- Al rechazo. La preocupación por no ser aceptados.
- Al abandono. Que nos dejen de lado si no encajamos o cumplimos expectativas ajenas.
- A no ser suficiente. Sentirnos inseguros sobre nuestra valía.
- Al conflicto. Evitar enfrentamientos o desacuerdos por cómo pensamos y lo que hacemos.
- A hacer daño. La preocupación por causar malestar al establecer límites o decir no.
- A la crítica. El temor a ser juzgado de forma negativa y que nos afecte o condicione.
- A ser invisible. La angustia por no ser importantes ni valorados.
- A decepcionar. La ansiedad por fallar a alguien o no cumplir sus expectativas.

Una vez que identificamos los miedos, podemos elegir qué queremos hacer con ellos. Seguir intentando ser la persona que necesita gustar a todo el mundo o elegir ser libres para actuar como realmente somos y queremos.

Las personas complacientes tienen ciertos rasgos y actitudes en común:

- Evitan pedir ayuda. Tienden a minimizar sus propios problemas y emociones. Creen que sus necesidades no son tan importantes.
- Falta de límites. Ni los ponen ni respetan los suyos. Aceptan comportamientos que les hacen daño, sin compartir su incomodidad.
- Incapacidad para decir no. Aceptan prácticamente todo lo que les proponen, incluso cuando va en contra de sus deseos.
- No dan su opinión. Prefieren tener la misma que los demás o mantener una posición neutra.
- Desequilibrio en dar y recibir. Creen que invierten mucho más en los demás de lo que reciben a cambio, debido a su incapacidad para decir que no o pedir ayuda.
- Priorizan el bienestar ajeno. Se preocupan más por satisfacer las necesidades de otros que por atender las suyas.
- Asumen responsabilidades que no les pertenecen. Pueden encargarse de asuntos, problemas o tareas de otros.

— Evitan el conflicto a toda costa. Prefieren hacer como si nada hubiera pasado, ceder o dejar el tiempo pasar en lugar de encarar el enfrentamiento.

Querer ayudar, aportar, compartir y ser parte de la vida de los demás está genial, siempre y cuando no implique olvidarse de uno mismo.

Querer gustar a todo el mundo no debería ser un objetivo; gustarte y agradarte a ti, sí.

Reconozco que estoy muy desactualizada del panorama de las citas, así que me fascina que mis amigos me cuenten sus experiencias. La última vez que tuve una vivía en piloto automático, no tenía ni idea de quién era yo o de qué estaba buscando.

Tanto con mis amigos como con mis clientes he notado una característica común. Están más pendientes de cómo son percibidos por la otra persona que de evaluar si la persona en cuestión les gusta a ellos: «Le habré parecido atractiva, interesante, graciosa, inteligente»... «No sé si la he cagado cuando he sacado este tema o he dicho tal cosa»... «¿Me volverá a escribir?». Se nos olvida que cada uno tenemos nuestro valor y un montón de cosas que aportar, aunque no signifique que tengamos que gustar a todo el mundo. Lo primero que debería importarnos es qué nos ha parecido la otra persona. ¿Por qué te interesa tanto gustar a alguien que ni siquiera sabes si a ti te gusta? ¿Por qué estás más pendiente de lo que tú le has parecido en vez de lo que te ha parecido a ti? Si pusieras la energía que inviertes en agradar a los demás en quererte y aceptarte, tu felicidad jamás volvería a estar en manos ajenas.

RECUERDA

— Si tu identidad depende de aquello que opinen otras personas, caerás en la trampa de querer gustar a todo el mundo.
— Cuando intentas agradar, tus necesidades siempre estarán al final de la cola.
— Detrás de querer complacer se puede esconder el miedo al rechazo, al abandono, a no ser suficiente, al conflicto, a hacer daño, a la crítica, a ser invisible o a decepcionar.
— No necesitas a nadie para ser válido, necesitas recuperar tu autenticidad.

Perderte a ti mismo

Cuando priorizamos las opiniones de cualquiera sobre las nuestras, empezamos a vivir de una manera que no refleja nuestros verdaderos valores, intereses y deseos. Esto puede llevar a una pérdida de identidad y a no sentirnos satisfechos o realizados. Como hemos visto hasta ahora, la construcción de la identidad forma parte de una interacción constante con el entorno, muy sensible a las percepciones y expectativas externas.

Según la psicología social, la identidad es un constructo multifacético formado por la autoimagen, las creencias, los valores y las experiencias de vida. Sin embargo, cuando se da un peso excesivo a la retroalimentación externa y no se cuestiona nada de lo aprendido o experimentado, empiezas y terminas perdiéndote a ti mismo. Tu comportamiento, tus creencias y tus valores se adaptan a tu entorno para alinearse con las expectativas de los otros y encajar en el grupo. Con la globalización, los sistemas de comunicación, la cultura de la imagen y las redes sociales, la vulnerabilidad del individuo se ve agravada y nos hace dudar más que nunca. Aunque la influencia social es inevitable a menos que vivamos aislados en una montaña, conviene elegir conscientemente qué nos beneficia y nos aporta bienestar, y qué nos desconecta de nosotros.

En la actualidad no hago nada de lo que hacía hace diez años. Cuando inicié mi proceso de autoconocimiento, empecé a escuchar a mi interior y a mi cuerpo. Si dudamos, el cuerpo siempre será el mejor aliado, porque nunca se equivoca.

En un mundo donde el ruido externo es constante, prestar atención a lo que realmente necesitas y te hace vivir en paz es revolucionario.

Poco a poco comencé a elegir aquello que me daba alegría y tranquilidad. La calma se convirtió en mi emoción predominante, y estaba tan poco acostumbrada a ella que temía que algo horrible pudiera pasarme, porque estar en paz «no es lo normal». Este proceso se inició en Argentina. Solo sabía que iba a hacer un voluntariado, pero no tenía ni idea de qué iba a hacer con mi vida. Vivir sin generar ingresos era algo insostenible en el tiempo, ya que mis ahorros se acabarían más pronto que tarde. Tampoco sabía cuánto me iba a quedar allí. Sin embargo, en el ámbito personal, fue la mejor experiencia de mi vida. Allí empecé a salir con mi pareja y padre de mis hijas, pero trabajaba muchas horas y pasaba todo el día sola. Todo el día conmigo. La distancia y la diferencia horaria hicieron que tuviera muy poco contacto con mi entorno habitual, así que dejé de recibir una influencia constante acerca de lo que pensaba, decía o hacía, de cómo debía ser. Me sentía como cuando me iba los veranos a aprender inglés, libre y ligera. Pasé de ser una chica con una vida social infinita, donde cada día tenía un plan diferente, a hacer deporte, pasear por Buenos Aires, leer y tomar el sol sin sentirme culpable por perder el tiempo, y todo en completa soledad.

En vez de estudiar y trabajar durante diez o doce horas diarias, ayudaba en un hogar de niños y en un taller de fútbol. No me podía creer que la vida pudiese ser tan maravillosa, que se pudiera vivir sin sacrificio y que pudiera disfrutar tanto de mi compañía. Dejé de ir arreglada, los tacones y el maquillaje para quitarme capas que no me pertenecían.

Me parecía tan surrealista ser feliz y vivir en paz que cuando volví a España un año después, mi ego me arrastró de nuevo a la zona de confort, volviendo al mundo empresarial. Fue ahí donde tuve tantos problemas de salud, recuerda que el cuerpo nunca falla. Decidí escucharlo y tomar los pasos que fueran necesarios para crear la vida que quería. Dejé el trabajo, y a pesar de volver a vivir con mi madre y mi hermana, la paz volvió. Descubrí que no hay dinero en el mundo que pueda comprar mi libertad y que haría lo que fuera para recuperar mi independencia siendo fiel a mí.

Tengo la sospecha de que el proceso de autoconocimiento no termina nunca, pero es un viajazo que merece mucho la pena. También puede ser difícil, doloroso y retador. Implica abrir la caja de Pandora y encontrar dentro recuerdos que no nos gustan, heridas que sanar y personas que soltar. El ego te va a incomodar muchísimo y luchará por que te quedes donde estás. Lleva tanto tiempo construyendo tu «identidad» que no permitirá que la vueles por los aires así como así. Habrá miedos, dudas y exigencias, pero tienes una fuerza interna increíble que podrá acompañarlo y mantenerlo a raya cuando lo identifiques.

Desde que empecé a conocerme y a ser coherente en mi vida, he perdido personas casi cada año. Algunas han sido un alivio, pero otras han sido dolorosas porque eran importantes para mí. Mi forma de pensar, actuar, reaccionar, juzgar y estar cambió, así como mis *hobbies* e intereses y, a veces, eso implica no volver a encajar en los mismos moldes. Soltar personas o situaciones puede ser tan doloroso como liberador, pero siempre merece la pena. Además, cuando sueltas, dejas espacio para que otras lleguen.

RECUERDA

- —Si estás más pendiente de lo que piensan que de lo que tú sientes, corres el riesgo de perderte.
- —La soledad puede ayudarte a conectar de una forma más profunda liberándote del ruido exterior.
- —Elige aquello que te da paz y alegría.
- —Al reencontrarte contigo y liberarte, dejas de encajar en algunos moldes.

Esta vida no es mía

¿Estás viviendo la vida que deseas? ¿Qué decisiones han creado la vida que tienes? ¿Qué personas han influido en el camino que has elegido? Si no nos hemos parado a pensar qué nos gusta, qué nos hace felices, con qué disfrutamos o qué nos da paz, vivimos en piloto automático, creando la vida que los demás nos han aconsejado. Si hemos buscado complacer y agradar por encima de los propios intereses, vivimos la vida que se espera que vivamos, cumpliendo expectativas ajenas.

Quizás has heredado el negocio o la profesión familiar, te has casado con alguien muy parecido a tus padres, vas siempre de vacaciones al mismo sitio, hablas de los mismos temas y puede que disfrutes tu tiempo libre haciendo siempre lo mismo. Si eres feliz así, no hace falta que revises nada. Si por el contrario te sientes perdido, vacío, ansioso, enfadado o triste, toca analizar si la construcción de tu existencia se alinea con tus verdaderos deseos. Pero, espera, ¿realmente conoces cuáles son? Dedica unos minutos a pensarlo antes de seguir leyendo. Estos deseos y aspiraciones ¿tienen que ver con tu bienestar o con la imagen que proyectas a los demás? ¿Son metas y logros para ti o para que te vea tu entorno? Si supieras que nunca nadie va a juzgarte, ni para bien ni para mal, ¿tendrías los mismos?

Elena, la hija perfecta

Elena siempre encajó con el prototipo de joven brillante que, a primera vista, parecía tenerlo todo. Su familia la adoraba, era muy buena estudiante, tenía muchos amigos y trabajaba en una firma de abogados de renombre en Madrid. Tenía un piso precioso en pleno centro y una vida social activa. Pero debajo de esta fachada, su interior había dejado de brillar.

Desde niña fue alentada para estudiar Derecho siguiendo los pasos de su padre. A pesar de ser extremadamente creativa y artística —se pasaba horas pintando y haciendo manualidades en el colegio—, creyó que el éxito y la estabilidad venían de la mano de un trabajo «serio», y que eso sería lo que le haría tener una vida plena y feliz.

Alcanzó ese «éxito» con el reconocimiento de sus compañeros y clientes, con reuniones importantes y jornadas de trabajo infinitas. Tenía planes cada fin de semana y nunca estaba sola. Sin embargo, no recordaba lo que era la felicidad. La alegría, el disfrute y la ilusión se habían ido apagando. Estaba agotada y sufría ansiedad.

Elena había cumplido con todas las expectativas sociales, pero se había perdido a sí misma.

Todos estos consejos o recomendaciones que recibimos de la familia o el entorno están hechos desde el amor, creyendo, sinceramente, que es lo mejor para los hijos o los amigos.

Yo he sido Elena, y también la que le decía a su amigo «soñador» que bajara los pies a la tierra y que buscara un trabajo de verdad. Al estar desconectados, apagamos a los demás. Seguimos dando zancadas en la rueda del hámster sin ser conscientes de que puedes bajarte y dejar de correr. Que los caminos son ilimitados y que solo tenemos que echar un vistazo fuera de la rueda para ver infinitas posibilidades.

Si crees que estás viviendo una vida que no te pertenece, quizás sea el momento de dejar de quejarse, responsabilizarse y empezar a tomar decisiones alineadas contigo. Ser conscientes de que la vida es el resultado de las decisiones que hemos ido tomando, con mayor o menor condicionamiento, y que cada día podemos elegir.

RECUERDA

—Nunca olvides qué te gusta, qué te hace feliz, con qué disfrutas y qué te da paz.
—Asegúrate de que tus deseos y aspiraciones tengan que ver contigo, no con la imagen que quieres transmitir.
—Te mereces soñar.
—Deja de quejarte y empieza a tomar decisiones por y para ti.

Adiós, amor propio

El amor propio es el amor incondicional hacia uno mismo. Y esto ¿qué implica?

- Amor completo y absoluto. Sin restricciones ni límites.
- Aceptación plena. De nuestras virtudes y de nuestros defectos, de nuestros logros y de nuestros errores.
- Abandonar la autoexigencia. De que necesitamos ser de determinada manera para ser dignos de amor, propio o ajeno.
- Reconocer nuestra humanidad. Soltar el perfeccionismo, esperando ser siempre nuestra mejor versión y no equivocarnos nunca.

— Dar(nos) amor. Cuando aprendamos a cuidarnos y respetarnos, podremos dar más a los demás.

Pero es difícil amar lo que no conoces, y no puedes conocerte si eres una extensión de otros. El autoconocimiento implica apreciar y valorar tus luces tanto como aceptar y abrazar tus sombras. Saber reconocer tanto lo que te da paz y te llena el alma como aquello que te la quita. Elegir ser como eres y no como se espera que seas. Y si estás más perdido que un pulpo en un garaje, vas a necesitar altas dosis de introspección y de prueba y error.

Cuando las opiniones o el miedo al qué dirán te hacen dudar de ti o cambiar de parecer, suele indicar que el nivel de autoconocimiento es muy bajito.

El amor propio y la confianza florecen cuando somos fieles a nosotros mismos, a pesar del qué dirán.

Es posible que te hayas sentido rechazado o juzgado por ser como eres y que eso haya hecho que te amoldes a los demás. Y tu ego, que vive por y para el exterior, te juzga severamente en vez de juzgar si ese entorno es para ti. Tu entorno no tiene por qué ser malo u hostil para sentir ese rechazo, puede ser simplemente que no encajes en él. Y no pasa nada. Las personas somos diferentes, e igual que a ti no te encanta todo el mundo, tú tampoco vas a encantar a todo el mundo. La clave es encontrar ese entorno en el que te sientas libre para ser como eres, con cagadas incluidas.

Más allá del autoconocimiento, conviene revisar la relación que tienes contigo. Cómo te hablas, cómo te juzgas, qué te permites, qué haces por ti, cómo te das amor, qué confianza tienes en ti o desde dónde te relacionas con los demás. La pregunta más importante que puedes hacerte cada día es: ¿qué puedo empezar a hacer hoy para ser más amable, amoroso y compasivo conmigo?

Por otro lado, podemos amarnos y querer mejorar ciertos aspectos que nos hacen daño o hacen daño, y que nos impiden evolucionar, crecer o conseguir determinados objetivos. Pero esta transformación se hace desde el amor, no desde el miedo a no ser valioso o suficiente. No existen las personas perfectas, todos tenemos sombras y defectos que nos afectan o afectan a personas de nuestro alrededor. Querer cambiar algo que nos limita no tiene que estar reñido con amarse.

Cuando empecé a estudiar la autoestima en profundidad, había algo que no terminaba de convencerme y que también mencioné en *YO, EGO*. No entendía cómo podía tener una buena autoestima y un ego como una catedral, ya que este esconde los miedos y las inseguridades, hasta que comprendí la diferencia entre autoestima y amor propio. Descubrí que a lo largo de mi vida había tenido una buena autoestima en general, pero me faltaba amor propio.

La autoestima es la valoración que hacemos de nuestro autoconcepto, y para que sea buena tienes que valorarte. Aquello a lo que demos valor tendrá que ver con nuestros juicios morales de qué es mejor o peor, qué está bien o mal, qué es correcto o incorrecto. El valor será subjetivo según los ojos que miren.

Desde pequeña, mi ego se fue adaptando y se sintió valorado por mis padres, familiares, amigos y compañeros. Si ellos me aceptaban y valoraban, significaba que yo tenía valor, por lo tanto, yo me valoraba positivamente, lo que hacía que tuviera una buena autoestima. Pero ¿qué pasaba cuando tenía un conflicto? ¿Cuando una amiga me rechazaba, juzgaba o me dejaba de lado? ¿Cuando el novio de turno tenía dudas sobre la relación? ¿Cuando alguien me criticaba? Ay, amigo, entonces empezaba a dudar de mi valor y mi autoestima se empezaba a tambalear. Así que mi autoestima no era mía, pertenecía a los demás.

Pero vamos un poquito más allá. Mi autoestima ha estado condicionada por unos padres que me han hecho sentir valorada, han expresado que me quieren y que se sentían orgullosos de mí —casi siempre—. Entonces, ¿qué pasa con aquellos cuyos padres no logran darles ese amor o hacerles sentir que son válidos tal y como son? ¿Qué ocurre si falta esa atención, ese cariño o esa capacidad de empatizar? Como hemos visto con el apego, como seres humanos tenemos necesidades psicológicas y emocionales que van a condicionar la forma de vernos. Estas carencias afectarán directamente a nuestra autoestima. Que unos padres no demuestren amor o atención a sus hijos no significa que sean menos válidos, pero crecerán creyendo que no son importantes o suficientes. Por eso es esencial que siendo adultos seamos capaces de verlo, para así cuestionar las creencias que tenemos sobre nosotros y recuperar el amor propio.

Si tienes amor propio, tienes autoestima, no hay duda de que te valoras, ya que te aceptas tal y como eres. Sin embargo, como era mi caso, tener una buena autoestima no implicaba tener amor propio, una de las bases fundamentales para tener una vida plena y para que te chupe un pie el qué dirán.

RECUERDA

— No puedes amar lo que no conoces.
— No olvides ser amable contigo.
— El amor propio implica amar tanto tus luces como tus sombras.
— La autoestima puede ser una montaña rusa durante toda tu vida, pero el amor propio es para siempre.

Vivir desde el miedo

El miedo es el motor del ego. Vivir desde el miedo implica pensar, decidir y actuar desde esta emoción. En su intento de protegernos, tratará de mantenernos en la zona de confort, evitando cualquier riesgo o incertidumbre que se escape de nuestro control. Cada cambio que queramos hacer llevará consigo una resistencia brutal.

El miedo es una emoción primaria cuya función es alertarnos de las posibles amenazas de alrededor. Sin embargo, hoy en día se activa, como hemos dicho, en situaciones que no son realmente peligrosas. Ser capaces de distinguir entre el miedo racional, basado en riesgos reales, y el irracional, sin fundamento en peligros concretos, es crucial. El miedo al qué dirán suele ser un miedo irracional, en cuanto que es poco probable que suponga un peligro para tu vida o bienestar.

No todos tenemos los mismos miedos ni los sentimos con la misma intensidad. Hay muchos factores que influyen en los que tenemos y en cómo los vivimos.

Mi amiga la miedica

En la universidad tenía una amiga que era una «miedica» y me costaba mucho empatizar con ella, hasta que entendí que había sido hija única y que su madre desde pequeñita le había transmitido todos sus miedos e inseguridades con el afán de protegerla. Montar en bici era una condena de muerte, debía tener mucho cuidado cuando andaba por la calle, no podía confiar en casi nadie, las aventuras no merecían la pena y viajar lejos de casa era innecesario. Como es lógico, ella no había racionalizado o cuestionado sus miedos y tampoco se había enfrentado a ellos. Había crecido con esas creencias y compartido esa emoción con su madre, por lo que el miedo dominaba su vida. Pecaba por un exceso de desconfianza y yo por todo lo contrario.

Al llegar a Buenos Aires no era consciente de la inseguridad de algunas zonas de la capital argentina. Nunca había tenido que estar atenta al caminar por determinados lugares. En cierta ocasión le comenté a mi pareja que el GPS me había mandado cruzar una villa —un asentamiento informal en el centro de la ciudad— y su cara se descompuso, con el miedo y la preocupación inyectados en sus ojos, y me echó una bronca descomunal. No me parecía para tanto hasta que, una semana después, me contaron que habían degollado a un policía el día anterior, y que eran comunes las desapariciones. Se me encogió el corazón cuando un grupo de niños me dijo que debían tener cuidado con las furgonetas blancas.

Supongo que la ausencia de miedo está muy relacionada con mi creencia de que las personas somos buenas por naturaleza y el pensamiento mágico de que no me puede pasar nada malo. Sin embargo, desde que soy madre me dan miedo las cosas más diminutas relacionadas con la maternidad. Me da miedo el primer día de cole, la retirada del chupete, que alguien les haga daño, que un compañero les pegue, que se abran la cabeza o cualquier tipo de sufrimiento que puedan experimentar. La vida misma por la que todos hemos pasado. Así que cada vez que me sorprendo preocupada por algo así, racionalizo mis miedos, los abrazo y los dejo ir.

Todas las emociones son válidas e importantes, sean racionales o irracionales, porque nos dan información que tenemos que mirar. Son un sistema de alerta que nos ayuda a entendernos y crecer si les prestamos atención. De dónde vienen, qué pensamos al respecto si lo racionalizamos, de qué otra forma podemos verlos, qué podemos hacer para enfrentarlos son algunas de las preguntas que podemos hacernos para entendernos mejor.

Como hemos visto, los principales miedos que nos impiden tomar decisiones alineadas con nuestro verdadero ser son el miedo al rechazo, al abandono, a no ser suficiente, al conflicto, a hacer daño, a la crítica, a ser invisible o a decepcionar. Así que vamos a ver qué ocurre y qué consecuencias tiene el miedo al qué dirán que tanto nos paraliza.

- Ansiedad anticipatoria. Esta ansiedad aparece al preocuparnos por las posibles reacciones futuras a nuestras acciones o decisiones, anticipando críticas o resultados catastróficos.
- Parálisis en la toma de decisiones y acción. El miedo a ser juzgados puede detenernos en seco, impidiéndonos tomar decisiones importantes o llevar a cabo acciones por temor a cometer errores a ojos de los demás.
- Pérdida de oportunidades y experiencias por miedo al fracaso. Nos hace rechazar desafíos y nuevas experiencias, limitando el crecimiento personal y profesional.
- Deterioro de la autoestima y el amor propio. Al preocuparnos constantemente por la opinión

ajena, empezamos a dudar de nuestro valor, afectando negativamente a cómo nos sentimos.

— Estancamiento personal o profesional. El miedo nos mantiene en nuestra zona de confort, evitando que exploremos el verdadero potencial o persigamos nuestros sueños.
— Desconexión de tu verdadero ser. Puede llevarnos a vivir una vida que no se alinea con nuestros valores y deseos auténticos, perdiéndonos en el proceso.

El miedo al qué dirán es uno de los más limitantes que me he encontrado. Pero necesito que entiendas esto: ser rechazado por otros siempre será menos doloroso que traicionarte. Los riesgos reales de no gustar son infinitamente menores que el riesgo de perderte a ti mismo. Toca elegir: ¿qué prefieres?

Debido a mi trabajo, he conocido a muchos compañeros y clientes emprendedores con proyectos laborales maravillosos, con un miedo atroz a exponerse: a hablar de su negocio, a compartir contenido en redes sociales o a vender sus productos o servicios por miedo al qué dirán. La simple idea de qué pensarán sus familiares, amigos o conocidos les genera mucha incomodidad y ansiedad: si harán el ridículo, si creerán que no son suficientemente buenos para ello, qué opinarán si fracasan y si serán motivo de burla o crítica por detrás. Esto los paraliza por completo, haciéndose pequeñitos, impidiendo que muestren todo su potencial. Están más pendientes de los posibles juicios que pueden provocar en los demás que en lo que ellos pueden aportar y conseguir gracias a sus negocios.

Una vez más, el egocentrismo del ego gana protagonismo, haciéndonos creer que estamos bajo el constante escrutinio de los demás. El miedo al qué dirán se convierte en una construcción imaginaria basada en nuestras inseguridades.

Pero vamos a considerar por un momento que esos miedos se materializan y que, en efecto, nos encontramos ante críticas por un comentario, decisión u acción que hayamos tomado. Aunque esta posibilidad exista, nunca debería ser un obstáculo para perseguir la vida que deseamos. Además, recibas el juicio que recibas, siempre será algo momentáneo y pasajero en la vida de los demás. Igual que tú estás preocupado por tu vida, el resto también tiene el foco en la suya.

Sigue los tres pasos para trabajar el miedo al qué dirán:

1. Conciencia y aceptación. Reconocer cómo este miedo limita tus acciones. Aceptar que no podemos agradar a todo el mundo y que las opi-

niones de los demás reflejan más sobre ellos que sobre nosotros es fundamental para empezar a superarlo. ¿Es importante gustar a los demás o gustarte a ti?

2. Cuestiona y reevalúa. ¿Qué es exactamente lo que te da miedo del qué dirán? Cuando tengas la respuesta, cuestiona y reevalúa esa creencia. ¿Realmente es tan terrible? ¿De qué otra forma puedes verlo? Cambiar a una perspectiva más realista te ayudará a enfrentarlo mejor.
3. Toma acción. Después de esta reflexión, ¿qué puedes hacer para enfrentarte al qué dirán? Por ejemplo, dar tu opinión en un grupo, subir un vídeo a redes sociales o poner límites a la persona que los está traspasando. Planifica un primer paso para demostrarte que puedes salir de ahí.

RECUERDA

— Las emociones son sistemas de alerta que te invitan a mirar dentro.
— El miedo es una emoción necesaria para tu protección.
— Es importante distinguir entre los miedos racionales e irracionales.
— El riesgo a no gustar es infinitamente menor que el riesgo de perderte.

Emociones de baja vibración

Las emociones cumplen una función fundamental para el desarrollo y el bienestar. Por eso solemos insistir en que no es del todo acertado hablar de emociones positivas o negativas, ya que todas son necesarias e importantes. Por ejemplo:

- El miedo es una señal de alerta frente al peligro que nos prepara para la supervivencia. Nos permite reaccionar frente a posibles amenazas.
- La tristeza cumple una función crítica en el proceso de adaptación y crecimiento personal. Nos da espacio para la reflexión, ayudándonos a procesar pérdidas y desilusiones. Gracias a ella podremos recalibrar nuestras vidas, tomando decisiones más alineadas con el bienestar y las necesidades actuales.
- La ira puede ser una herramienta poderosa para la afirmación de los valores y la defensa de los derechos si la manejamos adecuadamente. Nos ayuda a establecer límites y a luchar contra injusticias que nos hacen daño, contribuyendo a nuestra integridad.
- El estrés puede actuar como un catalizador que nos motiva a evaluar la situación y a considerar

cambios necesarios para mejorar la calidad de vida.

Estas emociones, consideradas negativas para muchos, son esenciales para el crecimiento personal, la adaptación y la transformación de nuestras vidas cuando más lo necesitamos. Si no nos permitiéramos escucharlas y sentirlas, viviríamos como robots.

Sin embargo, a pesar de su indudable importancia y necesidad, permanecer anclados en ellas supone un riesgo considerable para la salud y el bienestar. Si las experimentamos de manera prolongada y sin resolución, pueden afectar a la forma en la que percibimos el mundo, nuestras relaciones y la capacidad para enfrentarnos a los desafíos.

El doctor David R. Hawkins, psiquiatra y divulgador, reconocido por sus investigaciones sobre la conciencia y la espiritualidad, tiene un enfoque que, personalmente, me gusta mucho. Ofrece una perspectiva muy interesante sobre cómo experimentamos las emociones, calificándolas en un espectro de alta o baja vibración. De esta forma podemos entender la influencia de nuestras emociones en nuestra energía, salud y paz interior.

— Salud física y mental. El estrés y la ansiedad influyen directa y tangiblemente en la salud, considerándose emociones de baja vibración. Pueden ser catalizadores de condiciones como la hipertensión, los trastornos del sueño, los problemas gastrointestinales y las enfermedades cardiacas.

— Deterioro de relaciones. La ira, sobre todo cuando no se expresa ni se resuelve, puede hacer que estemos más irascibles, provocando conflictos recurrentes y creando un ambiente de tensión y malestar.
— Pérdida de oportunidades. La apatía nos mantiene en un estado de inacción, restringiendo la disposición a explorar nuevas experiencias o participar en actividades sociales y profesionales enriquecedoras.
— Distorsión de la realidad. La tristeza prolongada nubla la percepción de los acontecimientos y de nosotros, llevándonos a interpretar la realidad a través de un filtro negativo. Esta distorsión puede afectar profundamente nuestra autoimagen y cómo interactuamos con el mundo, impidiéndonos ver las oportunidades y la belleza que nos rodean.

De nada sirve reprimir o ignorar estas emociones. Ya hemos visto que actúan como un sistema de alerta que debemos atender. Para liberarnos de ellas, es esencial darles espacio, permitirnos sentirlas plenamente y comprender su mensaje. Este proceso de reconocimiento y comprensión nos equipa para soltarlas de manera saludable, facilitando una transición hacia estados emocionales más equilibrados y constructivos. Abordar conscientemente las emociones de baja vibración no solo mejora la salud y las relaciones, también nos abre a un espectro más amplio de experiencias y percepciones, enriqueciendo nuestra vida con una mayor profundidad y significado.

Trabajar las emociones de baja vibración

Vamos a ver cómo podemos adoptar un enfoque práctico y consciente para gestionarlas adecuadamente.

- Reconocimiento y aceptación. El primer paso es aprender a reconocerlas y aceptarlas sin juzgarlas. No olvides que todas las emociones son válidas y tienen algo que enseñarnos sobre las necesidades, los deseos y los límites.
- Exploración y reflexión. Dedica tiempo a reflexionar sobre lo que estas emociones están intentando decirte. Pregúntate qué situaciones, pensamientos

o creencias las están desencadenando. ¿Qué necesidad o deseo no está siendo atendido? La escritura reflexiva puede ser una herramienta útil para explorar estas preguntas en profundidad.

— Expresión saludable. Puedes hablar con alguien de confianza, participar en actividades creativas como la pintura o la escritura, o practicar ejercicio físico. Expresar tus emociones de manera saludable facilita la liberación de tensiones acumuladas y promueve la claridad mental.
— Acción y resolución. Una vez que hayas identificado el mensaje de tus emociones, considera qué acciones puedes tomar para abordar la causa subyacente. Esto puede ser establecer límites saludables, hacer cambios en tu estilo de vida o buscar apoyo profesional si es necesario. Actuar basándote en el entendimiento de tus emociones refuerza tu capacidad para gestionar situaciones futuras de manera más efectiva.
— Educación emocional. Busca recursos educativos que te proporcionen una comprensión más profunda de la inteligencia emocional y cómo gestionar las emociones. Esto puede incluir libros, talleres, pódcasts o terapia. Aprender sobre emociones y cómo influyen en tu vida puede empoderarte para manejarlas mejor.

Al abordar las emociones de baja vibración con comprensión y práctica, no solo facilitamos la transición hacia estados emocionales más positivos, también cultivamos una relación más armoniosa y compasiva con nosotros mismos. Este proceso de crecimiento y aprendizaje nos permite vivir de forma más plena, aceptando todas las facetas de la experiencia emocional como partes integrales de nuestro ser.

Estrategias prácticas por emoción:

Miedo

— Afronta la situación que lo provoca de modo gradual, celebrando cada pequeño avance.
— Identifica la raíz del miedo para entender mejor su origen y cómo enfrentarlo.

Ira

— Identifica su causa específica y busca soluciones constructivas para la situación.
— Practica técnicas de comunicación asertiva para expresar tus necesidades y límites sin agresividad.

Tristeza

— Permítete sentirla sin resistencia, reconociendo que es un paso necesario hacia la sanación.

— Busca actividades que te reconforten y apoyo en amigos, familiares o profesionales si lo necesitas.

Ansiedad

— Practica la atención plena, enfocándote en el aquí y ahora, lo cual ayuda a reducir la preocupación por el futuro.
— Acepta que hay aspectos fuera de tu control y concentra tu energía en lo que sí puedes cambiar.

Vergüenza

— Fomenta la autoaceptación, recordándote que todos somos imperfectos y cometemos errores.
— Desafía el perfeccionismo recordando que el valor personal no depende de la aprobación externa.

Culpa

— Transfórmala en responsabilidad, reconociendo tus acciones y sus consecuencias de manera constructiva.
— Reflexiona sobre la situación y cómo mejorar o reparar el daño causado, promoviendo un aprendizaje significativo para el futuro.

Estas estrategias prácticas ofrecen un punto de partida para abordar y transformar las emociones de baja vibración en experiencias de aprendizaje y crecimiento. Al adoptar un enfoque activo y consciente hacia nuestras emociones, podemos desarrollar una mayor resiliencia emocional y avanzar hacia una vida más equilibrada y satisfactoria.

Elevar tu vibración

Para elevar nuestra energía, podemos conectar con emociones de alta vibración, como la aceptación, la alegría, el amor, la paz o la gratitud, que se alinean con nuestro ser y y nos proporcionan conexión y bienestar. Lo interesante es que no necesitamos nada externo para experimentarlas, ya que se pueden cultivar a través de nuestra atención e intuición. A continuación te comparto los puntos clave para incorporarlas:

Aceptación

Encuentra aquella situación que te cuesta aceptar. Reconoce que, aunque no puedas cambiar el pasado, sí tienes el poder de cambiar tu relación con él. La aceptación es un acto de liberación, no implica conformidad o aprobación, sino la decisión de no permitir que esa situación controle tu presente o futuro. Comprométete a soltarla y avanza libremente.

Alegría

Realiza actividades que despierten tu alegría interna sin necesidad de una razón externa. Puede ser bailar con total libertad, cantar con todo tu ser, cocinar tu plato favorito, ver una serie graciosa o contactar con alguien que te llene de energía positiva. Busca esos pequeños momentos que iluminan tu día y hazlos una práctica regular.

Amor

Emprende el camino hacia el amor incondicional por ti mismo. Observa tus imperfecciones y errores con compasión, aceptándolos como parte de tu experiencia humana. Reconoce y celebra tus cualidades, hablándote y tratándote con respeto. El autocuidado es fundamental; eres la persona más importante de tu vida.

Paz

Encuentra un espacio tranquilo, adopta una postura relajada y concentra tu atención en tu respiración.

Visualiza cómo con cada inhalación absorbes tranquilidad y con cada exhalación dejas ir tus preocupaciones. La meditación y la práctica consciente de la respiración son herramientas poderosas para encontrar la paz interior.

Gratitud

Reconoce y valora lo que tienes y lo que eres en este momento. Desde las pequeñas comodidades hasta los grandes logros: la salud, tener nuestras necesidades cubiertas, las personas que nos quieren, poder disfrutar de la comida o el café favorito, sentir el sol en la cara, la libertad de elección, los abrazos que llenan el alma, los aprendizajes diarios, ese momento de autocuidado, esas risas con un amigo o la fortaleza y resiliencia ante las adversidades. La gratitud transforma nuestra perspectiva, ayudándonos a ver la abundancia en lugar de la carencia.

Incorporar estas emociones de alta vibración en la vida requiere práctica y dedicación. Establece un compromiso contigo para cultivarlas conscientemente cada día. La gratitud, el amor, la paz, la alegría y la aceptación pueden convertirse en hábitos que transforman tu experiencia de vida, llevándote a un estado de mayor plenitud y satisfacción.

Cambiar de piloto automático a una vida vivida con intención es un viaje, pero cada paso en este camino vale la pena.

Entender tu mundo interior

Cuando una emoción se mantiene en el tiempo, se convierte en un sentimiento alimentado por nuestros pensamientos. Estos pensamientos suelen surgir de forma automática, producto de cómo el ego interpreta el mundo. Si desde pequeños aprendemos que la vida es peligrosa y hostil, probablemente los pensamientos que nos salgan de forma automática estén enfocados en los riesgos, la inseguridad y la desconfianza del entorno en vez de ver oportunidades, experiencias y posibilidades que puedes encontrarte. Esto puede hacer que el miedo o la ansiedad se conviertan en emociones predominantes.

Aprender a distinguir los hechos de nuestras interpretaciones es fundamental. La mayoría de las veces no sufrimos por lo que pasa, sino por cómo interpretamos lo que pasa.

El otro día me enfadé con mi pareja. Los hechos fueron los siguientes: él tenía un partido de fútbol por la mañana y luego se iba a comer con un amigo que había venido de visita desde Perú. El plan era que yo me quedara con nuestras hijas y él vendría cuando acabara. Ese día me puse enferma, pero le dije que no se preocupara, yo podía encargarme y era probable que mi madre se pasara sobre las tres. Llegó a las tres y media y estuvo con nosotras hasta pasadas las cinco. Mi pareja apareció a las siete y media. Esto que te acabo de contar son los hechos irrefutables.

Cuando me llamó diez minutos antes de llegar, le contesté hecha una furia desde mi interpretación de los hechos:

—¿Estás de coña en volver a las siete y media, si me dijiste que volverías después de comer, estando yo enferma? ¿Puede importarte alguien que no seas tú? ¿En algún momento has pensado en mí? ¿En cómo me siento? ¿En si necesito ayuda? ¿Avisarme, tal vez, de que no ibas a llegar a la hora que acordaste?

Mi ira estaba en modo *on*. Todo esto había pasado en mi cabeza. Y lo que había pasado en la cabeza de Beli desde su interpretación de los hechos era: como ha ido su madre, no me necesita y puedo volver un poco más tarde. También me había llamado a las dos y media para preguntarme cómo estaba. Claramente, había sido un problema de comunicación y nada de lo que mi ego estaba interpretando era real. Vamos, que era un enfado que me podía haber ahorrado. Sé que soy importante para él, pensó en cómo me sentía habiendo llamado para preguntarme, tendría que haberle pedido ayuda si la necesitaba, y él debería haberme avisado de que llegaría más tarde. Un enfado gratuito para ambos, ya que él también se enfadó cuando contesté por teléfono con toda mi furia.

Si hacemos el ejercicio de parar, respirar y cuestionar aquello que el ego nos está contando, nos ahorraríamos la mayoría de los malentendidos que nos hacen experimentar emociones de baja vibración. Y para hacerlo, necesitas práctica. Cuanto más practiques, más espacio darás a desconectar el automático y pensar con atención y claridad. Cuanto más pienses con atención y claridad, más pensamientos conscientes tendrás que se irán normalizando en tu interior. Cuantos más pensamientos conscientes albergues, más en paz vivirás.

Habrá veces que te dejes llevar, como me pasó a mí con este ejemplo, sobre todo cuando haya cansancio, estrés o una situación que te desestabilice. Somos humanos, la aspiración no es ser perfecto, la aspiración es ser más tú.

Vivir más presente de lo que pasa en mi cabeza y a mi alrededor me ha traído una calma innegociable. He aprendido a mirar más desde el amor, tanto a los demás como a mí. Procuro poner el foco en lo bonito y positivo de cada situación, aunque traiga su parte difícil o dolorosa, y agradezco cada día, ya de forma automática, todo a mi alrededor. Me siento muy afortunada y desde hace tiempo las cosas sin importancia no tienen poder sobre mí. Creo firmemente que nuestro propósito de vida somos nosotros, entendernos y amarnos para disfrutar de la vida mientras aprendemos por el camino. No hay una meta final, la meta es el camino.

Te invito a reservar un momento cada día para conectar con aquello que te da alegría, por lo que estás agradecido, con la aceptación y el perdón de lo que te hizo daño y, ante todo, para conectar contigo.

RECUERDA

— Todas las emociones son necesarias e importantes.
— No se trata de evitar las de baja vibración —miedo, ira, tristeza, ansiedad, vergüenza, culpa—, sino de darles espacio para sentirlas y comprenderlas y luego soltarlas.
— Puedes cultivar las emociones de alta vibración —aceptación, alegría, amor, paz, gratitud— a través de la atención e intuición.
— Domina los pensamientos que las están alimentando.

3
¿QUÉ HAGO CON LOS *HATERS*?

El impacto de recibir una crítica puede ser devastador si no somos conscientes de lo que hay detrás de ella, en especial si tendemos a tomarnos las cosas de forma personal. Tras una crítica hay un individuo que está emitiendo una opinión que habla de sus creencias, valores, situación emocional, experiencias de vida y su forma de ver el mundo.

Con las redes sociales se ha popularizado el término *hater,* haciendo referencia a aquellas personas que muestran su odio y rechazo hacia otras mediante opiniones o insultos, intentando desacreditar aquello que no es de su agrado. Un *hater* no es solo una persona que juzga negativamente escondida detrás de una pantalla. Un *hater* puede ser un familiar, un compañero de trabajo o alguien de tu entorno. He trabajado con algunas mujeres que tienen por *hater* a su madre o a su amiga.

Antes de saber lo que hay detrás de los *haters* y qué podemos hacer con ellos, me gustaría distinguir las diferentes maneras en las que las opiniones son capaces de moldear nuestras decisiones:

— Las opiniones de personas cercanas que influyen en nuestros pensamientos, decisiones o acciones. Cuanta más falta de autoconocimiento y más inseguridades tengamos, mayor peso tendrán. Por ejemplo, qué es mejor estudiar, qué trabajo elegir, cómo debemos vivir, qué jersey es más bonito, qué pensar sobre determinados temas, etc.
— El miedo al qué dirán es un temor anticipatorio a los juicios que pueden llegar a tener los demás. Son proyecciones que solo están en la cabeza y que probablemente tengan más que ver con los propios miedos e inseguridades que con los del otro. Por ejemplo, qué dirán de mí si doy una opinión distinta, si llevo este conjunto de ropa, si dejo mi matrimonio o mi trabajo, si hago o dejo de hacer tal cosa, etc.
— Las críticas directas son las opiniones negativas que recibimos de los demás sobre aquello que pensamos, decimos o hacemos. Estos juicios pueden hacer que dudemos de nosotros mismos.

Por ejemplo, críticas sobre tu apariencia, tus creencias, tu comportamiento, tus valores o cosas que son importantes para ti.

En el camino hacia la autenticidad y la conexión profunda con nuestro verdadero ser, el miedo a las críticas suele ser uno de los mayores obstáculos. Además, si tienes redes sociales y te expones en ellas, los riesgos de recibir críticas se multiplican exponencialmente.

Las personas tienen mucha facilidad para mostrar su opinión escondidas detrás de una pantalla y de un nombre ficticio. Pero también puede hacerlo tu prima en la vida real, pecando de un exceso de confianza. Son formas fáciles y rápidas para proyectar todas las inseguridades y frustraciones en otros. Por eso es importante que, cuando recibamos una crítica, dejemos el egocentrismo de lado y veamos qué hay tras la persona que critica.

Comprender las características intrínsecas de un *hater* puede brindarte mucha claridad y fortaleza a la hora de seguir tu camino.

Anatomía de un *hater*

¿Alguna vez has visto a una persona feliz criticando a los demás? Vamos a analizar qué hay detrás de alguien que necesita juzgar negativamente sin que su opinión haya sido pedida o aporte algún tipo de valor.

Las siete características de un *hater:*

1. Inseguridad. Las críticas frecuentes nacen de las propias inseguridades y baja autoestima. Quien no se siente a gusto consigo mismo tiende a proyectar esa insatisfacción hacia los demás. Criticando desvían la atención hacia fuera para no mirar dentro y hacerse cargo de sí mismos.
2. Proyección. Es un mecanismo de defensa por el cual las personas atribuyen a otros características, pensamientos o sentimientos que en realidad residen en ellos. La crítica constante es una externalización de su autoevaluación negativa.
3. Sombra. Cuando nadie ha pedido su opinión, la crítica se emite desde la sombra que busca apagar a los demás. Debido a las inseguridades y frustraciones de esa persona, aparece un deseo subyacente de posicionarse por encima del otro para sentirse un poco mejor consigo mismo.

4. Anonimato, cobardía y disociación. La era digital ha contribuido a la expansión masiva de las críticas anónimas, permitiendo a las personas esconderse detrás de una pantalla sin tener que asumir las consecuencias directas. Rara vez lo que se juzga a través de una red social se diría a la cara. La distancia física y emocional permite mantener una desconexión entre sus palabras y los efectos reales.
5. Falta de empatía. Las personas inseguras suelen ser muy egocéntricas, estando más pendientes de sí que de los demás. Creen que opinar es más importante que las consecuencias o el impacto que produzca en el otro, y sienten una necesidad imperiosa de dar y recibir atención.
6. Frustración. La insatisfacción personal hace que la apatía y la negatividad sean la fuerza principal sobre la que sostenerse. En lugar de reconocer y hacerse cargo de sus frustraciones, externalizan su tristeza o rabia a través de la crítica. Los juicios hacia los demás desvían temporalmente la atención de sus propias frustraciones.
7. Miedo. La crítica y el odio son expresiones del miedo. Miedo a lo desconocido, a la diferencia, al cambio y a la insignificancia. En el miedo yacen todas las inseguridades y límites personales que

no siempre somos capaces de reconocer. Lo contrario no es la valentía, es el amor, y donde hay amor, hay aceptación, empezando por la aceptación propia y extendiéndose a la de los demás.

Es fundamental comprender que los comentarios y acciones de los otros reflejan su mundo interior, no el tuyo. No importa si es un desconocido por internet, tu madre o tu pareja: aquello que dicen o hacen te está dando información sobre ellos, no sobre ti.

RECUERDA

— Aprende a mirar más allá de la crítica.
— Puedes tener *haters* en tu entorno más cercano.
— Un *hater* es inseguro, proyecta lo que tiene dentro, busca apagar a los demás, es cobarde, está frustrado y vive desde el miedo.
— Una crítica habla de la persona que la emite, no de la persona criticada.

La doble cara de la crítica

El egocentrismo, la falta de empatía y la deshumanización que se produce detrás de una pantalla merecen un estudio profundo. Hay una maldad y una necesidad de hacer daño escondidas tras un teléfono móvil que expone como nunca antes lo jodidas que estamos las personas.

Me gustaría hacer una reflexión sobre el *hater* del que hemos hablado hasta ahora y su relación con la libertad de expresión. Por un lado, tenemos a aquellos individuos que critican todo lo que no casa con su forma de interpretar el mundo. Podemos observar un odio que llega a ser preocupante, ya que, más allá de que la crítica destructiva no aporte nada, lo que es juzgado no afecta o condiciona sus vidas. ¿Cómo te afectan los kilos que pesa otra persona? ¿Y la forma de su nariz? ¿Cómo cambia tu vida que otra persona no tenga tus creencias? ¿Cuánto sufres por que alguien no comparta tus hábitos? Es tremendamente ridículo.

Aparecen también los justicieros, dioses de la moral, justificando su crítica con que aquello que juzgan hace daño a otras personas con su ejemplo o influencia. ¿Podemos dejar de asumir que la gente es estúpida y que no es capaz de pensar por sí misma? ¿Podemos, cada uno de nosotros, responsabilizarnos de lo que decidimos creer o hacer? ¿Podemos dejar de infantilizar a la sociedad como pobres víctimas que no saben lo que hacen? Aunque seamos personas influenciables, tenemos que aprender a dejar de serlo y no esperar que nos adornen todo con purpurina y arcoíris. Tenemos que aprender a conocernos y a elegir, no a criticar y a cancelar a los demás. Tenemos que hacernos responsables de los errores, no echar la culpa a quien nos condicionó. Tenemos que aprender a ocuparnos de nosotros, no de lo que dicen o hacen los demás.

Dejemos de creernos salvadores de la humanidad y ocupémonos de nuestros asuntos. Dejemos de intentar que los demás sean mejores seres humanos para enfocarnos en serlo nosotros. Que cada uno barra su parcelita en vez de tirar mierda en la del vecino.

Influencer no humana

El otro día leí una noticia sobre una *influencer* que había aparecido en medios de comunicación, tanto nacionales como internacionales, porque muchos usuarios se habían quejado por unos tuits desafortunados que publicó hace más de diez años. El acoso y los mensajes de odio que recibió tras la magnitud de esta polémica fueron escalofriantes. Y yo me pregunto, ¿nunca has dicho un comentario desafortunado? ¿Nunca has hecho una broma fuera de lugar? ¿No hemos cambiado la forma de pensar en los últimos años? ¿Qué aparecería si revisáramos nuestros mensajes, redes sociales o conversaciones de hace diez años? Nos encanta mirar la paja en el ojo ajeno sin ver la pedazo de viga que tenemos en el nuestro.

Tenemos la libertad de expresión entendida como el derecho para expresar nuestros pensamientos, ideas, opiniones y emociones sin ser censurados, siempre y cuando no infrinjan los de otras personas. Sin embargo, la libertad de expresión no exime de responsabilidades. No es un cheque en blanco para difundir odio o para atacar a otros. La libertad de expresión tiene límites, los cuales se establecen para proteger derechos igualmente importantes, como el respeto a la privacidad, el derecho a no ser discriminado o la seguridad pública. Por ejemplo, la libertad de expresión no defiende discursos que inciten a la violencia o al odio contra grupos por razones de raza, religión, género o cualquier otra característica.

Creo que es difícil establecer una línea entre la crítica constructiva y el discurso dañino, ya que puede ser sutil y subjetiva. Pero no podemos olvidar que la libertad de expresión es un derecho fundamental que permite a las personas expresar sus ideas y contribuir al diálogo y al progreso social, no va de dañar al otro.

Por último, debemos tener cuidado con no pasarnos al extremo opuesto, donde no permitimos que los demás expresen sus creencias, opiniones o intereses por si hacen daño a alguien, cuando no hay mala intención. Va un poco en línea con lo que comentaba de hacernos responsables sobre el contenido que consumimos, qué decidimos creer y hacer según lo que vemos en otras personas, y el poder que cada uno da a las opiniones ajenas.

Me quedé fascinada cuando subí una publicación abrazando a mi hija, diciendo que era la mejor sensación del mundo, porque hubo varias mujeres que se sintieron ofendidas por ello. Mari Carmen, ¿a usted qué más le da lo que suponga la mejor sensación del mundo para mí?

Los comentarios o acciones de otros pueden tocar heridas o creencias que nos duelan o incomoden. Esto supone una invitación a revisar qué pasa en nuestro interior para que nos ofendamos por las opiniones o vidas ajenas. Si tuviéramos que tener en cuenta cada cosa que pensamos o decimos para que nadie se ofenda, apenas abriríamos la boca. Cada uno tiene que hacerse responsable de lo que siente; echar balones fuera y tomarse todo de forma personal te quita todo el poder sobre ti.

RECUERDA

— Detrás de las pantallas se esconde el egocentrismo, la falta de empatía y la deshumanización más profunda.
— El mundo sería un lugar mejor si nos ocupáramos de nosotros en vez de tener la mirada puesta en los demás.
— La libertad de expresión no exime de responsabilidades.

—No se trata de reprimirte y dejar de compartir las opiniones o puntos de vista, sino desde dónde lo estás haciendo.

No eres tú, soy yo

Me gustaría que hiciéramos una pausa para reflexionar sobre las críticas que te han hecho daño. ¿Puedes recordar alguna? ¿Qué te dijeron exactamente? ¿Cómo la interpretaste? Es probable que tu ego se lo tomara de forma personal, sintiéndose dolido por ello. Para dejar el egocentrismo a un lado, me gustaría que vieras esta tabla.

Pepito me hace daño → Pepito hace daño.
Pepito me ha criticado → Pepito critica.
Pepito me ha insultado → Pepito insulta.
Pepito me ha faltado al respeto → Pepito falta al respeto.
Pepito me ha utilizado → Pepito utiliza a las personas.
Pepito me ha traicionado → Pepito traiciona.
Pepito me ha mentido → Pepito miente.

¿Puedes verlo? Uno solo da lo que tiene dentro. Si eres bueno y empático, por mucho que te genere rechazo otra persona, no se te ocurre insultarla o menospreciarla. Si eres honesto y leal, por mucho que te hagan daño no traicionas o mientes a los demás.

Detrás de un *hater* hay mucho dolor dentro, aunque cueste verlo, no olvides que no conocemos casi nada de la vida de la gente que nos rodea: cuáles son sus heridas, por lo que han pasado y cómo han aprendido a gestionarlo. Si cambiamos la mirada desde el amor y la compasión, la empatía ganará la batalla. No habrá dolor ni sufrimiento por ser criticado, ya que habrás aprendido que no es personal, y que lo que dice Juan de Pedro dice más de Juan que de Pedro. Ahora toca reflexionar sobre el peso que le quieres dar a las opiniones de un *hater*.

RECUERDA

— Lo que piensen, digan o hagan los demás tiene que ver con cómo son ellos, no contigo.
— Uno solo da lo que tiene dentro.
— Detrás de un *hater* hay mucho dolor.
— Decide el peso que le quieres dar a una crítica.

EMPATIZAR NO ES JUSTIFICAR

Soy muy pesada con esto. La empatía nos hace ver más allá de nuestro ombligo, entender a la otra persona, dejar de tomarnos las cosas de forma personal y, por ende, eliminar el sufrimiento asociado. Pero eso no significa que debamos tolerarlo o justificarlo. Tenemos derecho a poner límites, a alejarnos o cortar la relación con estas personas.

Si mi pareja me está haciendo daño, por ejemplo, siendo violento, desleal o frío, yo puedo empatizar y sentir compasión porque sé, o me puedo imaginar, que no tuvo una infancia fácil, que sus padres no le dieron el amor o la atención que necesitaba o que nunca recibió muestras de cariño y respeto. No me lo tomo de manera personal porque no tiene que ver conmigo, y es posible que me ame y me quiera a su lado. Pero eso no significa que tenga que justificar su comportamiento o ejercer de madre o cuidadora. Ni que tenga que tolerar sus reacciones o aceptar una relación que no encaja con lo que estoy buscando y que me está haciendo sufrir. Una pareja es un compañero o compañera de vida, no un niño o una niña al que acunar. Por esto es importantísimo tener claro que empatizar no es justificar, y que tienes que salir de ahí si te está haciendo daño. Las personas pueden sanar y cambiar, pero eso exige tiempo y esfuerzo. La voluntad o el amor no suelen ser suficientes para cambiar patrones, así que se necesitará ayuda profesional para conseguirlo.

He puesto un ejemplo de pareja, pero también puede pasarte con tus padres, familiares, amigos o compañeros. Tienes derecho a mandar a la mierda a quien consideres necesario para cuidar tu salud mental, energía y bienestar, por mucho que empatices con su historia.

RECUERDA

— La empatía te permite ver al otro y no tomarte las cosas de forma personal, siendo compasivo y respetuoso.
— Empatizar no implica excusar las actitudes o comportamientos que te están haciendo daño.
— Es importante poner límites.
— Las personas pueden cambiar, pero se necesita un gran trabajo para ello.

No es la naturaleza humana

He oído varias veces que es normal que te afecten las críticas y que busques gustar a todo el mundo, ya que somos seres sociales y, como hemos visto antes, la supervivencia siempre ha dependido de los demás.

Creo que este planteamiento es muy peligroso porque nos resignamos a ello y no hacemos nada al respecto. Una cosa es ser rechazado por tu tribu —entorno cercano— y sentirte completamente aislado, y otra muy distinta es ser rechazado por @Maricarmen6851.

Como hemos visto, el rechazo del clan familiar, sobre todo de los padres o cuidadores principales, es devastador en la infancia. Aparte de necesitarlos para la propia supervivencia, las necesidades afectivas son importantísimas en el desarrollo psicológico y emocional.

La infancia y la adolescencia son etapas en las que buscamos pertenecer y encajar a través del juego y la vida social. Anhelamos la aceptación y el reconocimiento del entorno para aceptarnos y reconocernos a nosotros mismos. Todavía no tenemos la capacidad para cuestionarnos lo que recibimos del exterior, y tampoco nos enseñan a descubrir las propias creencias o valores. Aceptamos como válido o verdadero aquello que nos llega.

Si hemos tenido la mala suerte de nacer en un hogar disfuncional y en un ambiente hostil, mayores serán las heridas que se crearon en la infancia y que nos acompañan en el presente. Pero eso no significa que nos tengamos que quedar con ellas y que «por naturaleza» busquemos la aprobación del entorno. Ahora que somos adultos, tenemos la capacidad de encontrarnos, cuestionarnos, vincularnos y sanarnos siéndonos fieles. Ya podemos hacernos cargo de nuestro niño herido para que se sienta seguro y amado. Ya sabemos que no necesitamos ser aprobados o aceptados por el resto de los seres humanos para sobrevivir o para sentirnos bien. Así que no creo que te tenga que importar la crítica de @Maricarmen6851 «por naturaleza».

RECUERDA

— La opinión de @Maricarmen6851 debería importarnos un comino.
— Necesitamos el cobijo de nuestra tribu, no de cualquiera.
— La infancia y la adolescencia son etapas donde buscamos pertenecer y encajar, sin cuestionarnos la información que llega del exterior.
— Como adultos podemos hacernos cargo del niño herido para soltar toda la carga del pasado.

¿Estamos tontos?

Una de las cosas que más me sorprenden del ser humano es que podemos recibir cien halagos y hundirnos por una sola crítica. Esa crítica puede hacer que nos cuestionemos y que entremos en una espiral de darle vueltas y más vueltas a ese juicio recibido. Como hemos visto, la falta de autoconocimiento, aceptación y seguridad en uno hace que la autoestima sea una montaña rusa que sube, baja y gira en manos de los demás.

Hace unos meses tuve mi primera experiencia de *hate* masivo. Recibí cientos de comentarios negativos por una publicación que se viralizó en mis redes sociales. Que se viralice quiere decir que el contenido se difunde rápidamente a través de internet, alcanzando a un gran número de personas en poco tiempo. Esto hizo que la publicación tuviera millones de visualizaciones, así que cientos de miles de personas que no me conocían la vieron.

A la media hora de publicar el vídeo, los *likes* y los comentarios subían como nunca antes había visto. En ese momento, dejé de leer los mensajes porque entendí lo que eso significaba. A las pocas horas, y en los días sucesivos, empezaron a escribirme amigos y seguidores para animarme y preguntarme cómo estaba. Mis amigos más cercanos me conocen mucho, y aunque intuían que estaba bien, la avalancha fue tal que por si acaso querían cerciorarse. Los que menos me conocían y aquellos que se ponían en mis zapatos estaban más preocupados. Fue muy bonito recibir tanto apoyo y amor, me sentí superrespaldada por ellos y por mi comunidad. Así que quiero compartir contigo lo que hizo que no sufriera por ello:

- Conozco la anatomía de los *haters* y empatizo con el dolor, el malestar y la frustración que tienen dentro.
- Sé que no es personal, están dando información de cómo son ellos, no de mí.
- Son personas que no conozco ni me conocen, a las que nunca pediría una opinión.
- Son personas que no pertenecen a mi comunidad ni conectan con mis valores, así que sus creencias y juicios no me interesan.
- Gracias al *hate* llegaron miles de personas nuevas a mi comunidad.
- Gracias al *hate* masivo estoy escribiendo estas líneas y puedo hablarte de ello en primera persona.
- Gracias al *hate* recibí muchísimo amor.

Así que, desde mi prisma, fue algo positivo. Pero sé que, si me hubiese pasado con veinte años, me hubiera destrozado. En esos momentos la valoración que hacía de mí dependía de ojos ajenos. Las palabras *autoconocimiento, ego* o *amor propio* no formaban parte de mi diccionario. Buscaba gustar y agradar a los demás fueran quienes fuesen, y mis decisiones estaban completamente condicionadas por mi entorno. Sin duda, me tomaba todo de forma personal y me importaba la imagen que transmitía.

Ahora me importa ser fiel a mí, disfrutar de la vida, hacer aquello que me llena el alma, amar a los míos y vivir en paz. Han sido años de autoconocimiento, desarrollo personal y experimentación. No es un camino fácil o rápido, y creo que nunca dejaré de descubrir(me) y de aprender(me). Pero cuando empiezas a caminar, disfrutas mucho del camino, a pesar de los obstáculos.

RECUERDA

— Puedes recibir cien halagos y hundirte por una sola crítica.
— No pongas tu autoestima en manos de los demás.
— Busca el lado bueno de la crítica, a veces puedes aprender o mejorar, y otras, beneficiarte de las consecuencias colaterales.
— Disfruta del camino, a pesar de las piedras y las fieras que te encuentres.

Cómo gestionar las críticas

¿Qué podemos hacer cuando recibimos una crítica? Lo más importante no es qué contestación dar o la reacción que vamos a tener, sino cómo gestionar lo que nos está haciendo sentir. A continuación, veremos los cinco pasos que debemos seguir cuando recibimos una que nos ha herido o enfadado:

Paso 1. Reconocer y validar tus emociones

Reconoce y acepta cómo te está haciendo sentir esa crítica. Puedes estar herido, triste, enfadado, inseguro o frustrado, y eso está bien. No se trata de esconder o invalidar las emociones, sino de entender qué nos están tratando de decir. Reflexiona sobre si la crítica ha tocado una herida sensible, considera el poder que estás dando a quien juzga, y piensa en lo que esta opinión revela sobre la persona que la difunde.

Paso 2. Diferenciar a la persona que emite la crítica

Evalúa la importancia que tiene para ti quien te está juzgando. No es igual que la crítica venga de tu mejor amiga a que venga de un desconocido en internet. Si es una persona a la que aprecias y que, supuestamente, te aprecia, tendrás la posibilidad de aclarar y entender la situación para decidir qué quieres hacer al respecto. Si es un desconocido o alguien que no te importa, creo que no hay nada que aclarar, justificaciones que dar o explicaciones que pedir.

Paso 3. Diferencia entre una crítica constructiva y una destructiva

Las constructivas son juicios que se emiten sin maldad, que buscan aportar y que pueden ser simples observaciones que nos ayudan a mejorar. Las destructivas solo buscan herir, son las que emitiría un *hater*, por lo que ya sabes qué tipo de persona hay detrás y el poder que debes darles. No tiene ningún sentido que aceptemos las de personas a las que jamás pediríamos su opinión.

Paso 4. Saca tus propias conclusiones

La opinión más valiosa para tu vida es la tuya. Independientemente de cuál sea la crítica, o de quién venga, lo más importante es lo que piensas y sientes tú al respecto. Cada uno somos diferentes y no siempre vamos a compartir creencias o gustos.

Ser fiel a ti siempre será una victoria.

Paso 5. Rescata el aprendizaje

Puedes encontrar aprendizajes ante las adversidades. Aun habiendo razonado que la persona que ha emitido la crítica no es importante para ti y que no estás de acuerdo con sus juicios, ¿qué puedes sacar de ello? Quizás te ha enseñado a conectar más con la intuición, a descartar personas de tu vida, a descubrir una herida que tenías enterrada, a comunicarte mejor, a poner límites o a entender mejor a los demás. Detrás de una emoción siempre hay información.

Una vez procesadas las emociones y reflexionado internamente sobre las críticas recibidas, nos encontramos en una encrucijada sobre cómo actuar. A continuación, exploraremos diferentes caminos que puedes tomar, adaptado cada uno a la naturaleza de la crítica y de tu estado emocional.

Nada

En muchas ocasiones, la mejor acción es no tomar ninguna. Si la crítica proviene de alguien que no conocemos o cuya opinión no nos importa, gastar tiempo y energía en contestar, justificarnos o intentar convencer al otro puede ser absurdo, infructuoso y agotador.

Muchas veces veo a personajes públicos o *influencers* contestar a los *haters* en comentarios, o incluso dedicándoles algún vídeo en sus redes sociales intentando justificar lo que ha pasado. No necesitas demostrar nada a un *hater*, y las personas que ya saben cómo eres o lo que les gusta de ti no necesitan tu explicación sobre la crítica de un desconocido. Lo mismo aplica ante esa compañera de trabajo que te critica a tus espaldas. No necesitas gustar a todo el mundo y tenemos que elegir muy bien nuestras batallas. No olvides que tu compañera no te critica, tu compañera critica.

Enfrentar la crítica

Hay situaciones en las que enfrentar la crítica es necesario o beneficioso, especialmente si proviene de alguien importante para nosotros o tiene el potencial de afectar a la imagen, la reputación o las relaciones. La clave aquí es la comunicación efectiva. Pedir detalles o explicaciones puede ayudarnos a comprender el origen de la crítica y su impacto en los demás, permitiéndonos buscar soluciones o alcanzar un entendimiento mutuo. Compartir sentimientos y percepciones acerca de la crítica también puede ayudarnos a solucionar el conflicto. Sin embargo, cuando el diálogo constructivo no es viable, establecer límites o incluso terminar la relación puede ser lo más saludable.

Pedir ayuda

Si las críticas nos impactan profundamente, afectando a la autoestima o el bienestar emocional, la ayuda de un profesional de la salud mental puede ser una gran opción. Un terapeuta puede ofrecernos herramientas y perspectivas para fortalecernos frente a las críticas y mejorar la autoestima y la resiliencia emocional.

Si hasta ahora las críticas te han afectado o condicionado demasiado, date tiempo para trabajar en ello. No van a dejar de importarte de la noche a la mañana, ya que necesitas un proceso interno de autoconocimiento, amor propio y consciencia para verlo con perspectiva e interiorizar lo aprendido.

Como te he contado, la María de veinte años habría sufrido un montón con el *hate* que recibí hace unos meses, pero la María actual lo recibió con mucha indiferencia, curiosidad y amor por todo lo bueno recibido. Te confieso que mi ego espiritual estuvo muy presente, mirando por encima del hombro a personas que juzgaba como «jodidas». Así que tuve que trabajarlo para bajar los pies a la tierra y recordar que todos estamos en un proceso de aprendizaje y crecimiento. Y esto lleva tiempo.

RECUERDA

—Lo más importante al gestionar las críticas no es cómo vas a reaccionar, sino qué vas a hacer con lo que estás sintiendo.
—Tienes que ser capaz de distinguir al tipo de persona que emite la crítica y si se trata de una constructiva o destructiva.
—No olvides sacar tus propias conclusiones y rescatar el aprendizaje.
—Puedes enfrentar la crítica, no hacer nada o pedir ayuda si la necesitas.

4
La tribu

Una de las razones principales por la que damos tanta importancia a la opinión de los demás, buscamos agradar y llegamos a cambiar nuestra forma de ser para encajar es por un profundo miedo a la soledad. Por eso es importante entender la diferencia entre estar solo y sentirse solo.

Estar solo es una situación física donde no tenemos a nadie alrededor, carecemos de compañía. Sentirse solo hace referencia a la experiencia emocional de soledad, una percepción subjetiva de aislamiento donde creemos no tener a nadie que realmente nos quiera, se preocupe por nosotros y con el que podamos contar si algo malo nos ocurriese. Puedes sentirte solo estando rodeado de gente.

La soledad puede ser maravillosa, es una oportunidad increíble para el autoconocimiento, el desarrollo personal, la reflexión, el descanso y la conexión con uno mismo. A mí me fascina estar sola, y, desde que soy madre, hasta me emociona. Pero aunque estuviera sola durante semanas, no me sentiría así. Tengo familiares, amigos y mi pareja con los que puedo contar, que me proporcionan apoyo emocional y la posibilidad de compartir alegrías y penas, retos y desafíos, preocupaciones y reflexiones. Tengo una red que me sostiene y me impulsa si lo necesito.

Esta red de apoyo es la tribu. Son esas personas con las que podemos ser nosotros, sacar tanto nuestras luces como nuestras sombras, con quienes podemos mostrarnos vulnerables y encontrar refugio si nos hace falta. En esta red no necesitas encajar porque te quieren y te valoran tal como eres. Eso no significa que tengáis relaciones perfectas y que no cometas cagadas. Las relaciones humanas son complejas, aunque sean «casa». Creo que la tribu es necesaria para nuestro bienestar, pero no lo son todos los grupos.

En mi adolescencia y época universitaria tenía muchísimos amigos. Siempre había alguien disponible para tomar algo, salir, viajar o hacer alguna locura. Apenas pasaba tiempo sola y estaba muy desconectada de mí. Ahora, mi red de apoyo se cuenta con los dedos de las manos, pero nunca me he sentido mejor acompañada. Cambié las relaciones superficiales por relaciones profundas, la búsqueda de estar siempre rodeada al disfrute de la soledad, la necesidad de gustar a todo el mundo por la necesidad de gustarme, el querer estar en todos lados por aprender y querer soltar, el vivir acelerada por vivir en paz.

Y es en esta tribu donde busco opinión si la necesito. No se trata de que todas las opiniones nos importen un carajo, se trata de saber elegir cuáles nos importan y están alineadas con nosotros. No tenemos conocimientos de todo, podemos tener dudas a la hora de tomar una decisión, necesitamos información sobre temas que desconocemos y, a veces, queremos escuchar otros puntos de vista de cuestiones de las que no tenemos ni idea y pedimos opinión a profesionales de cada sector. Si se me estropea el coche, le preguntaré a un mecánico, no a mi amiga.

Conviene diferenciar entre aquellos temas que tienen que ver con nuestro ser y nuestra vida y aquellos que tienen que ver con cosas externas a nosotros que desconocemos. Para todo lo que tiene que ver con nosotros, la opinión de la tribu puede ser importante —a menos que necesitemos ayuda profesional, por ejemplo, con cosas relacionadas con la salud—. No podemos olvidar que sus opiniones seguirán siendo sus juicios, pero serán honestos si algo les parece mal o si no están de acuerdo con algo, y realizarán críticas constructivas que están hechas desde el amor y pueden ayudarnos a mejorar.

Recuerdo una vez que estaba dándole vueltas a una discusión que había tenido con una antigua pareja donde empezaba a dudar de mí. Cuando estás dentro del conflicto, la carga emocional es muy fuerte, y muchas veces no puedes pensar con claridad. Así que quedé con un par de amigas que sabía que no iban a tener pelos en la lengua, pensando en mi bienestar y desde el amor que me tenían. Lo ideal en esta situación es que yo hubiera podido sacar mis propias conclusiones, mirar dentro y actuar en consecuencia, pero era consciente de que mi ego podía estar traicionándome, así que decidí pedir una opinión externa. Mis amigas fueron muy claras, una de ellas me dijo directamente:

—Déjale.

Y la otra siguió diciéndome:

—Como sigas con esta persona, vas a ser una infeliz toda tu vida.

Sus comentarios eran simples opiniones que no tenían por qué estar en lo cierto, pero eran parte de mi tribu y sabía que todo lo que dijeran iba a ser desde su corazón, así que eran importantes para mí. Podrían haberse equivocado o juzgar con demasiada severidad, pero, en este caso, tenían razón.

Por otro lado, para aprender e informarnos sobre temas que desconocemos, un especialista o alguien con experiencia podrá guiarnos y ayudarnos de la mejor manera. Por ejemplo, con todo lo relativo a mi negocio, he pedido consejo a gente experta en formaciones, *marketing,* diseño, ventas u organización, no a mi tribu.

Con esto quiero decir que no hace falta liberarse de toda la opinión del mundo mundial. Podemos beneficiarnos de las de ciertas personas, pero que sean aquellas que nosotros hemos elegido conscientemente y que, además, nos atrevamos a cuestionar también.

Cuando empecé a conocer a mi pareja actual, le enseñaba algunos de nuestros mensajes a una amiga con la que pasaba mucho tiempo. Ella siempre me comentaba:

—No me creo nada.

Creía que me estaba vendiendo la moto para conquistarme, además era argentino. Mi amiga tenía tan mala concepción de los hombres en general que ser amable y atento le parecía una estrategia maligna. En esta ocasión, su opinión no me pareció demasiado relevante y unos meses después de estas conversaciones mi pareja y yo estábamos viviendo juntos en su país y hoy tenemos dos hijas.

Escucho a mi tribu, pero también cuestiono sus opiniones e intento tomar mis propias decisiones lo más libremente posible. A veces nos equivocaremos y aprenderemos de ello para seguir afinando nuestra intuición.

RECUERDA

— No es igual estar solo que sentirse solo.
— La soledad puede ser una oportunidad increíble para el autoconocimiento, el desarrollo personal y la conexión con uno mismo.
— Tu red de apoyo es tu tribu, aquella que te sostiene, te anima y te impulsa cuando más lo necesitas.
— Su opinión puede ser muy importante para ti.

Cómo reconocerla

¿Qué características podemos tener en cuenta para identificar a nuestra tribu? Me gustaría empezar diciendo que es mejor estar y sentirte solo que mal acompañado. Las secuelas emocionales de relaciones tóxicas podrían ser profundas y duraderas. Ya sea en el contexto familiar, de pareja o de amistad, el apego y la dependencia emocional nos vinculan a personas que, lejos de sostenernos e impulsarnos, nos destrozan y desgastan.

La dependencia emocional nos alerta de que hay aspectos profundos que necesitan atención y, posiblemente, intervención profesional, sobre todo si eres consciente de ello y no puedes soltarlo. En muchos casos, estas relaciones se perpetúan por formar parte de nuestra zona de confort, nos hemos acostumbrado tanto a este tipo de relaciones que acabamos normalizándolas.

Solemos pensar que la tribu son los familiares y amigos más cercanos. Pero la tribu no tiene que ver con lazos o rangos, sino con cómo te hacen sentir y con cómo eres tú cuando estás con ellos. Evaluar si te sientes cómodo, ligero, tranquilo y contento o si, por el contrario, te sientes nervioso, en alerta o incómodo, midiendo tus palabras y siguiendo el rollo por inercia. Estar con tu tribu te tiene que sumar, no restar.

Las características para identificar a tu tribu son:

— Autenticidad. Personas con las que puedes ser tú en todo momento. Aquellas con quienes no necesitas esconder partes de ti.
— Respeto. Una tribu verdadera se basa en el respeto mutuo. Esto incluye respetar los límites, valores y el espacio personal de cada uno.
— Apoyo. Los miembros de tu tribu están ahí para ti en las buenas y en las malas, ofreciéndote apoyo cuando lo necesitas.

— Comunicación. La capacidad de hablar abiertamente sobre tus pensamientos y sentimientos de forma honesta sin miedo a ser juzgado.
— Crecimiento mutuo. Busca relaciones que te inspiren y motiven a crecer, personas que celebren tus éxitos sin sentirse amenazadas por tu progreso.
— Independencia. Aunque es importante tener una red de apoyo, tu tribu debe fomentar tu independencia y autosuficiencia, no tu dependencia emocional.
— Empatía y compasión. La capacidad de ver más allá del ombligo intentando entender al otro para acompañarnos de la mejor forma posible.

No hace falta tener las mismas opiniones en todo ni ser siempre la mejor versión para el otro. Reconocer nuestra humanidad será beneficioso para los demás y para nosotros, ya que nadie es perfecto. Además de evaluar estas características, que pueden estar más o menos presentes según el momento vital de cada uno, la mejor vara de medir es cómo te hacen sentir. Si al estar con ellos te vas peor de lo que llegaste, ahí no es.

ANA Y SUS AMIGOS FORZADOS

Ana tenía veintisiete años y se encontraba en una constante lucha interna. Aunque quería apreciar y cuidar los momentos con su grupo de amigos de la universidad, algo dentro le hacía sentirse incómoda y fuera de lugar. Sus amigos tenían más o menos los mismos intereses y aspiraciones, y a ella cada vez le resonaban menos.

En sus esfuerzos por formar parte de las conversaciones y del grupo, minimizaba sus propios intereses y nunca daba su opinión si era contraria al grupo. No quería generar conflicto ni que la vieran diferente. También tenía miedo de que hablaran de ella a sus espaldas.

Desde la universidad, empezó a adoptar comportamientos e intereses que no formaban parte de ella. Fingía interés en temas que no le importaban en absoluto y hacía planes que no le apetecían. Estaba harta de hablar de política y trabajo y no le gustaba salir de fiesta, pero era lo que hacían sus amigos. Indagando y reflexionando sobre sus sentimientos, Ana se dio cuenta de que se sentía mucho más sola y desconectada estando con su grupo de amigos que estando realmente sola en su casa, donde estaba tranquila y haciendo cosas que la llenaban. Llegó a la conclusión de que estaba priorizando lo que se suponía que tenía que hacer o tener, y no lo que realmente sentía.

Finalmente, decidió distanciarse poco a poco del grupo y empezar a elegir conscientemente qué quería hacer. Se apuntó a un club de lectura y a clases de pintura, así que empezó a conocer gente más afín, que compartía intereses parecidos y donde podía ser ella.

No fue un proceso fácil ni rápido, cualquier pérdida implica un duelo, dudas y miedos, pero elegirte y priorizarse será siempre un acierto.

Yo también he sido Ana y me he ido distanciando progresivamente de algunas personas, igual que otras se han ido distanciando de mí sin que hubiera habido un conflicto de por medio. Al principio me costaba mucho aceptar que ya no encajaba con amigas de toda la vida y trataba de convencerme de que lo importante era el cariño del tiempo vivido. Pero cuando las creencias, valores o intereses empiezan a ser tan diferentes y las quedadas se convertían en conversaciones forzadas y vacías, es momento de soltar.

La vida es maravillosa, y el tiempo limitado para forzar cosas que ya no funcionan por miedo o costumbre. No hay nada de malo en seguir caminos diferentes y siempre podemos guardar en la memoria las buenas risas y la complicidad de cuando un día sí encajábamos. De esta forma, abres espacio para que entren nuevas personas que están más alineadas contigo, donde puedes ser tú en todo momento y con quien compartes afinidad y complicidad.

Sentirse amado e importante para alguien es maravilloso y no hace falta que nos resignemos a no sentirlo, pero no por cualquiera. No te permitas mendigar amor y atención de aquellas personas que no te están viendo o valorando.

RECUERDA

— Mejor solo que mal acompañado.
— La tribu se caracteriza por autenticidad, respeto, apoyo, crecimiento mutuo, comunicación, independencia, empatía y compasión.
— No necesitas una tribu perfecta, necesitas sentirte bien con ella.
— No necesitas sentirte amado por cualquiera.

Cómo construirla

¿Qué pasa si no tenemos una tribu? Cada vez hay más gente que se siente sola, ya que no tiene un círculo de confianza donde se sienta segura y libre. Puede ser que nunca lo hayas tenido, que lo perdieras en su momento o que las personas que se supone que lo son no se comporten como tal. Si este es tu caso, y te gustaría tener tu propia tribu, toca ponerse manos a la obra. Te dejo algunos pasos y recomendaciones que te ayudarán a crearla:

— ¿Qué estás buscando? Reflexiona sobre tus intereses, valores, *hobbies* y creencias sobre la amistad para tener el radar activado. Qué es importante para ti en una amistad y qué puedes ofrecer tú.

— Retoma el contacto. Piensa si ha habido alguien en tu vida que encaje contigo y que por la distancia, el tiempo, las responsabilidades o un malentendido esa relación se haya perdido. Quizás un antiguo compañero del cole o universidad, un vecino o el amigo con el que veraneabas en tu juventud. Escríbele o llámale para interesarte por él o ella, saber cómo le va la vida y preguntar si le apetece quedar a tomar un café o una cerveza.

— Escanea tu entorno. A veces tenemos a personas afines a nosotros muy cerquita y ni siquiera nos damos cuenta. Quizás un compañero de trabajo, esa persona con la que siempre coincides en el gimnasio o la librera que te vende los libros. Adoptar una actitud receptiva y preguntarles por ellos hará que se pueda estrechar más el vínculo.

— Participa en actividades. Clases de cocina, de pintura, de baile, un club de lectura, un retiro de yoga, senderismo o un voluntariado. Elige algo que te atraiga y comparte experiencias con personas con los mismos gustos.

— Sé abierto y accesible. Sé el primero en establecer la comunicación, muestra un interés genuino por la otra persona, pregúntale, escucha y sé tú. No aparentes y busques adaptarte para agradar, pero sé amable. La autenticidad y la vulnerabilidad atrae lo mismo, así que siéntete libre para ser.
— Investiga aplicaciones o redes sociales que fomenten la amistad y planes conjuntos. No eres raro, hay miles de personas deseando construir vínculos más sanos o fuertes con otras. Internet puede hacer que lleguemos a otros con mayor facilidad, aunque debes ser prudente y precavido, busca espacios seguros para quedar las primeras veces y protege tu privacidad.
— Sé el amigo que deseas tener. Busca amigos si realmente estás dispuesto a serlo tú. He conocido a personas que se lamentan por no tenerlos y luego cualquier plan les da pereza o no se interesan por la vida o el bienestar de los demás.

La amistad tiene que ser recíproca.
Tienes que poder dar lo que quieres recibir.

Cuando eres idiota

Hasta ahora hemos visto que lo que dice Juan de Pedro dice más de Juan que de Pedro, pero mucho cuidado con echar balones fuera cuando estamos siendo idiotas. No siempre seremos nuestra mejor versión y, como seres humanos que somos, cometemos errores que pueden hacer daño a los demás o que tengan consecuencias graves para otros o para nosotros. Por eso la opinión de la tribu, aunque no sea positiva, nos puede ayudar a ver que lo que estamos haciendo no es lo mejor. Un gran número de veces ni siquiera necesitamos la opinión de la tribu para darnos cuenta de que nos hemos equivocado. Es importante reconocer cuando estás siendo un idiota y hacerte responsable de ello. Las opiniones siempre tendrán que ver con ellos, pero tú puedes estar de acuerdo y reconocer que tienen razón.

Hace unos años mi pareja me tiró un jarro de agua fría que me dejó helada cuando me dijo que, a veces, trataba a las personas como si fueran tontas. Me dejó helada porque, analizando mi modo de contestar o cuestionar a los demás, supe que tenía razón. Pensar que él había sentido eso por mi manera de hablar me hizo sentir triste y enfadada conmigo, como si fuera una mala persona.

¿Cómo iba a hablarle como si fuera tonto? Si le quería y admiraba un montón. Porque, muchas veces, la forma de reaccionar o comportarnos en determinadas situaciones es de idiotas y necesitamos que alguien de nuestra tribu nos lo diga.

Somos humanos y nos equivocamos, no se trata de castigarnos y cargar con el peso de la culpa hasta el fin de los tiempos. Pero si no admitimos los errores, nos sentiremos incómodos, los otros podrán alejarse y nos costará aprender de la experiencia para hacerlo mejor la próxima vez.

Todos lo estamos haciendo lo mejor que podemos con los conocimientos y recursos de que disponemos en cada momento. No tiene ningún sentido juzgar tu pasado con los ojos de tu presente, porque no tenías las mismas experiencias ni herramientas que ahora. Tenemos que dejar de intentar ser perfectos y culparnos por no haber sabido hacerlo mejor. Tenemos que perdonarnos y comprometernos a hacerlo mejor la próxima vez y resarcir el daño si fuera posible.

Durante muchos años me estuvo atormentando el haber hecho sufrir a personas que no se lo merecían. El sentimiento de culpa me dejaba sin respiración y con un nudo en la garganta cada vez que me acordaba de ello. Intentaba cambiar de pensamiento o distraerme para no sentir esa angustia.

A los doce o trece años tenía una amiga con la que quedaba todos los fines de semana y en el colegio estábamos siempre juntas. Después de las vacaciones de un verano, la noté muy cambiada. Tenía una actitud distinta y desconcertante para mí. Se preocupaba mucho por su apariencia y ya no quería merendar. Delante de los chicos parecía que cambiaba de personalidad, como si fuera una damisela en apuros que necesitaba ser rescatada. Llegaba tarde a nuestras quedadas y yo me estaba empezando a cansar, simplemente no la reconocía. Así que la fui dejando de lado progresivamente sin darle explicación, lo que para ella fue un palazo, pues no entendía nada. Era, y supongo que seguirá siendo, muy buena persona, pero yo no supe gestionarlo mejor. Sentía que ya no teníamos nada en común y no tenía ni idea de cómo afrontarlo. Me sentía fatal por dentro, pero no podía seguir sosteniendo esa amistad. Y si lo pienso, creo que ni siquiera sabía lo que me estaba pasando con ella. Esa forma de gestionarlo me estuvo atormentando años, hasta que comprendí que no hubiera podido hacerlo de otra manera, tenía una nula gestión emocional y poca capacidad para afrontar los conflictos a esa edad. Me perdoné, me abracé y me liberé.

Cuando era un poco más mayor, con quince o dieciséis años, hice llorar a un chico en un autobús. Ese chico era mi amigo o por lo menos teníamos buena relación. Constantemente estábamos metiéndonos unos con otros, pero ese día se rompió. Como siempre, comenzamos a meternos el uno con el otro, y no recuerdo qué le dije, pero sus ojos se empezaron a empañar y no pudo contener el llanto. Me quedé helada. No entendía qué estaba pasando, pero me sentí una mierda. Es probable que ese día no estuviera bien, habría tenido algún problema en su casa o algo le estaba preocupando. Pero como no sabemos lo que en realidad hay detrás de la vida de los demás, ser amable siempre será la mejor opción. Este suceso no me atormentó tanto como el anterior, pero rondó mi cabeza bastante tiempo hasta que, una vez más, me perdoné.

Son ejemplos de cómo podemos ser idiotas desde pequeños. Y es importante reconocer que lo estamos siendo, o que lo fuimos, para aprender y hacerlo mejor la próxima ocasión.

Tardé años en observar y entender mi culpa, en perdonarme y soltar. Simplemente, no sabía cómo hacerlo, no sabía que podía hacerlo. No conocía la compasión o el amor propio, no me permitía cometer errores ni ser imperfecta. Pero ese tipo de situaciones me ayudaron a entenderme, a empatizar y a saber reaccionar mejor si me volvía a pasar. A entender y sostener al otro, a pedir perdón, a explicarme y remediar lo que fuera posible, sabiendo que siempre me puedo volver a equivocar.

Así que ser idiota ayuda mucho. Te hace mirar dentro, conocerte, aprender, crecer, y vivir más alineado contigo. Permítete reconocer tus errores, pero no te quedes ahí, aprovéchalos y evoluciona, acércate más a ti. Pero no vale quedarse siendo idiota.

Cómo saber si estamos siendo idiotas

Te pongo algunos ejemplos de cuándo estamos siendo idiotas, aunque seguro que se te ocurren muchos más:

— Pagas con tus seres queridos tus frustraciones, siendo agresivo o desagradable con ellos.
— Tratas mal a las personas porque no estás en tu mejor momento, proyectando tu tristeza o rabia.
— No respetas los límites o las necesidades de los demás, insistiendo en lo que quieres sin tener en cuenta los sentimientos o situaciones ajenas.
— No reconoces tus errores y buscas culpables para justificar tu comportamiento o actitud.

— Eres insensible a los problemas de otras personas y crees que los tuyos son más importantes.
— Juzgas y criticas cuando no son o no actúan como tú lo habrías hecho, dando lecciones de moral.

Así que si alguien se distancia o decide cortar la relación contigo porque estás siendo un idiota, toca hacer autocrítica. Si te juzgan o critican, eso sigue hablando de ellos, de sus creencias, sus valores y sus juicios.

Habrá gente que se aleje de ti y habrá otra que empatice con tu situación, lo pase por alto o no le parezca tan importante. También puedes encontrar personas que, aunque no les guste cómo estás siendo, no te critiquen. Por eso es esencial que evalúes cómo te está haciendo sentir eso que haces y que aceptes cómo reaccionan los demás. Lo único que está en tus manos es responsabilizarte de lo que piensas, dices o haces tú.

RECUERDA

— A veces, el idiota eres tú.
— La tribu es una gran fuente para averiguarlo.
— Nadie es perfecto, pero siempre puedes mejorar.
— Responsabilízate de lo que piensas, dices y haces.

5
Libérate

Recupera la confianza

Cuando te sientes seguro de ti, el qué dirán no forma parte de tus preocupaciones. Recuperar la confianza transforma radicalmente la manera en que nos relacionamos con el mundo exterior. Antes de considerar la opinión de alguien más, damos prioridad a la nuestra, porque entendemos que nadie mejor que nosotros conoce lo que en realidad nos conviene, desde nuestros gustos y necesidades hasta la forma en que queremos vivir para sentirnos en paz. Al conocernos profundamente y explorar nuestro interior, las opiniones ajenas pierden el poder de hacernos dudar de nuestra valía.

La seguridad no es solo creerte capaz, hábil o valioso; es una conciencia profunda de tu ser y de tu ego, y eso también incluye aquellas áreas en las que no eres tan competente. Es reconocer a través del autoconocimiento las virtudes y los defectos, las luces y las sombras. Este reconocimiento nos hace fuertes y seguros ante la opinión ajena, haciendo que las decisiones y acciones estén alineadas con nuestro verdadero ser, no con las expectativas o juicios de otros.

Veamos los pasos para recuperar la confianza:

Autoconocimiento

Es normal que te importe la opinión de los demás si no te conoces. El autoconocimiento constituye la base sobre la que se construyen tu identidad, tus valores, deseos y necesidades. Como hemos visto, el entorno —padres, familiares, amigos, compañeros, profesores— ha ido formando la percepción que tenemos de nosotros. Los juicios de quien nos rodea han contribuido a crear una imagen de cómo somos o cómo deberíamos ser. Hemos moldeado las creencias y la conducta según hemos ido creciendo, buscando la validación de los demás.

Cuando hacíamos lo que se esperaba, significaba que nos portábamos bien y nos premiaban por ello, ya fuera con muestras de afecto y aprobación, o con cosas materiales que deseábamos. Hemos aprendido que cuando complacemos, somos queridos, y esto es lo que más anhelamos y necesitamos de niños.

A tan temprana edad, lo que está bien o mal depende de lo que juzgue otra gente. Esto produce una completa desconexión con uno mismo, con nuestra autenticidad y libertad. No miramos dentro para reflexionar si aquello que nos están «vendiendo» coincide con nuestro verdadero ser o si conectamos con esas creencias, juicios o etiquetas que simplemente aceptamos.

Está desconexión hace que el ego se vaya creando con toda esta información. No experimentamos el autoconocimiento porque ya nos han dicho quiénes somos, cómo somos o deberíamos ser. Y si nosotros no nos conocemos para ser coherentes, el ego va a estar buscando la validación externa de forma continua.

Si te conoces en profundidad, si reconoces tus luces y tus sombras, no importa lo que opine la gente. Por fin eres consciente de que nadie mejor que tú puede opinar sobre ti y decidir sobre tu vida.

El autoconocimiento implica el reconocimiento y la comprensión de creencias, pensamientos, emociones, motivaciones y límites. Requiere un proceso de introspección profundo y difícil. Es profundo porque hay que ir quitando capas y capas para no quedarnos en la superficialidad de los propios juicios y los de los demás. Y difícil porque puede provocar un *shock* de identidad, algo que va a incomodar muchísimo al ego y generar muchísima resistencia, ya que el ego se siente seguro en lo conocido, aunque lo conocido sea una imagen deplorable sobre ti.

Además, este proceso puede implicar cortar con ciertas lealtades, como creencias y comportamientos establecidos en la familia o grupo de amigos. Puede que te des cuenta de que ya no compartes valores o puntos de vista sobre temas importantes para ti, y que eso te haga sentir desplazado o incómodo, como si ya no encajaras ahí.

Cuando volví de Argentina con veintiséis años, después de un año intentando descubrir qué hacer con mi vida, me di cuenta de que ya no encajaba en muchos sitios. Mi proceso de autoconocimiento acababa de empezar, pero ya no me sentía a gusto en mi vieja vida. Ya no me apetecía estar todo el día en la calle ni quedar por las noches para beber. Algunas de mis creencias empezaban a difuminarse, sin poder encontrar las mías. Me costaba —y me cuesta— tener opiniones sobre temas que en mi entorno están muy arraigados. Empecé a ser más observadora y a escuchar con más atención, y me di cuenta de lo difícil que era ver más allá del personaje de cada uno.

Tampoco creo que fuera fácil ver más allá del mío. Todos vivimos a través del ego. ¿Qué hago aquí? ¿Para qué estoy con estas personas? ¿Qué me gustaría estar haciendo en realidad? Desde entonces mi tribu se ha ido reduciendo, conservando aquellos amigos con los que siempre he podido ser yo, aunque hablemos del clima, e incorporando a nuevas amistades que me hacen sentir a gusto cada vez que estoy con ellas.

Muchas veces nos podemos adaptar o acomodar a las personas que forman parte del entorno porque, aunque no se compartan intereses, nos aportan muchas otras cosas, como complicidad, risas, amor y sensación de hogar. Nos sentimos bien a pesar de haber cambiado y no ser tan afines. Pero muchas otras veces (re)descubrirnos nos invita a cortar por lo sano, porque ya no nos sentimos bien ahí y la lucha interna por ser fiel a una misma se vuelve agotadora.

El entorno superficial de Alicia

Esto fue lo que le pasó a Alicia. Había crecido en un entorno muy superficial donde la apariencia física y la imagen que proyectaba era lo más importante. El qué dirán era el timón que dirigía su vida. Siempre se había preocupado por cómo iba vestida, si el bolso que llevaba estaba actualizado, en ir siempre bien peinada, con buena cara, con el peso siempre controlado y la sonrisa en la cara, aun estando rota por dentro. Las conversaciones con sus amigas solían enfocarse en estos temas y en la vida de otros.

Cuando empezó su proceso de introspección, me dijo que lo que más le gustaba era reencontrarse en verano con sus amigas de la infancia en el pueblo de su familia. Se sentía libre, nunca se maquillaba y podía vestirse con cualquier prenda porque nadie la iba a juzgar. También se permitía ser ella en todo momento, expresando sus opiniones sin miedo al qué dirán. Le gustaba montar a caballo y dar largos paseos.

Se propuso estar más conectada consigo y empezar a expresar sus sentimientos, arreglarse menos y priorizarse. Lo intentó durante un par de meses, pero el esfuerzo era brutal. No se sentía bien antes, durante ni después de estar con sus amigas. Empezó a distanciarse poco a poco hasta cortar completamente la relación con este grupo que le impedía ser ella.

Si no te conoces, no sabes qué es lo que te está desconectando de ti. Este conocimiento de tus fortalezas, debilidades, creencias y valores te permitirá actuar en coherencia, en lugar de buscar la validación externa.

RECUERDA

—La confianza en ti te liberará del qué dirán.
—No necesitas ser perfecto, necesitas conocerte a fondo.
—El autoconocimiento implica el reconocimiento y la comprensión de tus creencias, pensamientos, emociones, motivaciones, miedos y límites.
—Cuando empiezas a ser coherente y honesto contigo, puedes dejar de conectar con partes o personas de tu vida.

Si quieres profundizar en ti, te propongo responder a algunas preguntas para conocerte mejor.

¿Qué puedes hacer para potenciar tus fortalezas?
¿Y para aceptar tus debilidades?

Quiero invitarte a que pienses en tus fortalezas como aquellas características que son buenas para ti, no solo para los demás. Solemos centrarnos en aquellas cosas que gustan o aportan a otros, no a nosotros. En mi caso, solía priorizar virtudes como la empatía o la escucha, que suelen tener un impacto externo. Sin embargo, ahora priorizo mi capacidad de síntesis, mi facilidad para tomar decisiones o mi positividad, que me impactan directamente a mí, aunque también puedan tener un efecto en otras personas.

Por otro lado, siempre hago mucho hincapié en aceptar las debilidades, no en cambiarlas. La seguridad se consigue cuando nos aceptamos incondicionalmente, no cuando intentamos ser perfectos. A menos que esa debilidad te esté limitando o haciendo daño, no necesitas cambiarla. No buscamos una vida perfecta, buscamos una vida en paz, y eso implica dejar de luchar contra ti.

Cuando en mi formación en *coaching* hice el ejercicio de identidad pública, donde preguntas a cinco personas cercanas por cinco virtudes y cinco defectos tuyos, apenas valoré las virtudes que veían en mí, las daba por hecho, y me enfoqué en cómo podía mejorar mis defectos. Mi ego espiritual estaba a tope queriendo ser el mejor ser humano del mundo.

Uno de mis defectos es ser demasiado rígida para algunas cosas. Por ejemplo, en Navidad nos fuimos de vacaciones con mi familia a una casa rural y, debido a mi falta de flexibilidad en hábitos, no creo que repita el plan. En estos momentos de mi vida tengo unos hábitos bastante establecidos y pueden ser poco comunes. Me suelo despertar a las cinco y media o seis de la mañana todos los días, me acuesto a las ocho y media de la tarde y hago ayuno intermitente. ¿Quién más se acuesta a las ocho y media en España? Como mucho, los niños pequeños. Así que convivir con otras personas donde mis hábitos actuales se vayan a ir al carajo no me gusta y no me sienta bien. Pero, hoy por hoy, no tengo ninguna intención de cambiarlos para adaptarme al resto, así que acepto mi rigidez, que quizás no sea lo mejor para los demás, pero tampoco hago daño a nadie.

¿Cuáles son tus cinco valores principales?

Es importante que reflexiones en profundidad, pues solemos priorizar los valores que nos han inculcado frente a los nuestros, porque ni siquiera somos conscientes de cuáles son. Si tienes dudas, puedes buscar en internet una lista de valores para que conectes con cómo te sientes al leerlos.

Cuando me preguntaban por los míos, inconscientemente elegía aquellos que eran importantes para mi familia, como la humildad o la generosidad. Son valores que me gustan, pero no están ni cerca de mis valores fundamentales, como la libertad o el amor.

Una vez hecha la lista, ¿están alineados con las diferentes áreas de tu vida? Con áreas de tu vida me refiero a familia, trabajo, salud, ocio, pareja, espiritualidad, desarrollo personal, amistad o economía. Muchas veces, el motivo de la tristeza, la frustración, el vacío o la incomodidad está en que las diferentes áreas de la vida no están alineadas con nuestros valores.

Te pongo algunos ejemplos. Si tu valor principal es la familia y estás en un trabajo que te exige estar doce horas al día fuera de casa, por mucho que te guste el trabajo, no te sentirás en paz. Si tu valor principal es la lealtad, el respeto o la honestidad y estás con una pareja que te miente o te insulta, por mucho que haya amor, no estarás con la persona adecuada. Si tu valor es la bondad o la empatía, y estás en un grupo de amigos que no para de criticar, sentirás que te estás traicionando.

Cuando tenemos claros los valores, se convierten en una guía fundamental a la hora de tomar decisiones. Yo no entendía por qué me ahogaba tanto yendo a trabajar cuando acabé la carrera. El domingo por la noche me deprimía pensando que solo quedaban horas para volver. A veces, fantaseaba con que se quemara el banco en el que trabajaba —por la noche, así, sin víctimas— para no tener que ir. Sin embargo, no veía que les pasara lo mismo a mis amigos o familiares. Parecía que lo llevaban bien, y yo sentía que me hundía. Reflexionaba un montón sobre cómo iba a poder sobrevivir el resto de mi vida así, no me cabía en la cabeza que la vida fuera eso, ir a trabajar de nueve a siete, anhelar los fines de semana y las vacaciones como agua en el desierto y seguir haciendo casi lo mismo el resto de mi vida.

Recuerdo decirle a mi padre que si iba a ser así, prefería no vivir. Y luego me castigaba y machacaba por ser tan exagerada. ¿Acaso soy una princesa escondida en el cuerpo de una mujer del siglo XXI? Pero la realidad es que no podía soportar que me dijeran qué y cómo tenía que hacer las cosas, que me obligaran a estar en una oficina en un horario fijo, que tuviera que trabajar y convivir con gente que yo no había elegido. Envidiaba terriblemente a las personas que lo habían normalizado. Yo necesitaba libertad, y estaba dispuesta casi a cualquier cosa para conseguirla. Un trabajo por cuenta ajena, con horarios y lugar fijo, suponía una tortura para mi libertad, pero quizás no para la tuya.

Muchas personas compartimos el valor de la libertad como uno de los principales, pero no significa lo mismo para todos.

Hace poco me preguntó una seguidora de Instagram cómo llevaba la maternidad siendo la libertad mi valor principal. Me reí. Fue una pregunta muy buena y lógica que puede causar desconcierto. Contesté que la maternidad había sido elegida desde mi libertad, no era algo impuesto o que «me tocaba», sino un deseo muy profundo que estaba muy por encima de irme a teletrabajar a Bali, viajar siempre que me apeteciera o no tener responsabilidades. Así que nos corresponde a cada uno de nosotros definir lo que significan nuestros valores y qué podemos hacer para que estén en coherencia con nuestra vida.

¿Qué te da paz y alegría?

¿Qué puedes hacer para incorporarlo en tu vida? Cuando vivimos en automático, en una espiral de trabajo, casa, familia y amigos, podemos olvidarnos de nosotros con facilidad. La lista de tareas y responsabilidades se come la vida y no nos planteamos nada más. Qué nos gusta hacer, qué nos alegra y qué nos llena el alma son cosas que debemos tener claras para conocernos y hacerles un hueco en nuestra agenda. No tienen que ser actividades o situaciones profundas, sino aquellas cosas que te hacen sentir mejor y te conectan contigo. Podemos hacerlas solos o proponérselo a nuestra pareja, familiares o amigos. Si no tienes claro qué son esas cosas, prueba: apúntate a una clase de pilates, un club de lectura, un taller de cerámica, una clase de baile, cocina, lee, medita, pinta, escribe, ve al cine, a un monólogo o a un concierto, ten esa conversación pendiente, pide perdón, escribe a esa persona, expresa tu amor, viaja, vive. Ve probando poco a poco y observa cómo te hace sentir, qué te apetece repetir y qué te conecta contigo mismo.

Recuerdo una conversación que tuve con una amiga que me dio muchísima pena. Mi amiga me estaba diciendo que realmente no se conocía, que no sabía lo que le gustaba ni qué le hacía feliz. Que nunca había dedicado tiempo a pensar en ella. Yo me sentía como si estuviera viendo un cachorrito bajo la lluvia perdido y desamparado, mordiéndome la lengua para no sacar a mi ego salvador que cree que todo lo sabe. Así que si estás leyendo estás páginas, actuaré cómo si me hubieras preguntado para que eches un vistazo a tu interior y empieces a pensar en ti.

¿Qué te quita la paz y la alegría?

¿Qué puedes hacer para eliminarlo o reducirlo? Es crucial salir del papel de víctima para hacernos responsables de nuestra vida, ya que supone recuperar el poder.

En esta pregunta podemos descubrir temas internos que no hemos trabajado y que nos impiden estar en paz. Aquellas cosas que nos sacan de quicio, que creemos que nos hacen más daño de lo normal o con las que sentimos que tenemos una reacción desmesurada pueden esconder una herida. Quizás tenga que ver con no sentirte valorado, escuchado, importante o respetado. Podemos descubrir que ese comentario o esa actitud que nos hizo tanto daño estaba tocando una herida. O aquellas cosas del día a día que nos afectan negativamente. Situaciones que aceptamos o permitimos que tal vez podamos cambiar. Descubrir comportamientos o actitudes de nosotros mismos que nos desconectan de nuestro ser como, por ejemplo, sentir odio o rencor, ser agresivos o no cuidar de las personas que queremos. Tus emociones son un sistema de alerta. Cada vez que sientas una desagradable, para y reflexiona qué hay detrás y qué te está diciendo de ti.

Recuerdo a una compañera en una formación que me sacaba de quicio. No la podía soportar, cada vez que hablaba se me tensaba el cuerpo y apretaba los dientes. Lo fácil en estas situaciones es culpar a la otra persona de nuestro malestar: me saca de quicio porque no para de interrumpir, pregunta las cosas cien veces y no deja que la clase avance. Lo difícil es ver qué está despertando en ti esa persona, qué te está enseñando de ti, qué hace que te resulte tan intolerable, qué creencias tuyas está golpeando y por qué le estás dando tanto poder sobre tu estado de ánimo.

Las personas que menos soportas son las que más te van a enseñar sobre ti. Aprovéchalo. Son grandes maestros.

¿Cómo es tu relación contigo mismo?

¿Qué piensas de ti? ¿Cómo te hablas? ¿Cómo te tratas? Eres la única persona con la que vas a pasar el resto de tu vida veinticuatro horas, trescientos sesenta y cinco días al año, así que, sin duda, es la relación más importante. Es la que debes priorizar y cuidar con más amor y respeto.

El autoconocimiento es un pilar fundamental para recuperar la confianza en ti, pero si no paras de juzgarte, criticarte, machacarte, exigirte y maltratarte, el autoconocimiento se queda cojo.

Los ejemplos más sencillos podemos verlos con cómo juzgamos el cuerpo, cómo hablamos de nosotros mismos y cómo nos tratamos cuando cometemos un error. La exigencia y el perfeccionismo se apoderan de nosotros y nunca nos sentimos suficientes. Ni suficientemente atractivos, inteligentes, graciosos, trabajadores, motivados, amables, buenos, simpáticos, generosos, como si tuviéramos que serlo todo, todo el tiempo.

Revisa las etiquetas y las características con las que te describes, y los pensamientos y las acciones por las cuales te machacas. Es importante identificarlas para que cada vez que lo hagas, pares, respires, y deseches ese enfado, rabia o frustración para tratarte con amor y compasión. Cada vez que te sorprendas criticándote, haz un *stop*, cuestiona lo que estás diciendo y dite algo bonito.

Mi lucha estrella fue permitirme el error. Si fallaba o me equivocaba, me machacaba por ello: «Qué tonta», «Cómo has podido equivocarte», «Deberías haberlo hecho mejor». Hasta que descubrí que me limitaba y me impedía crecer y descubrir cosas nuevas. Entendí que los errores forman parte de la vida y de nuestro desarrollo y que, sin ellos, seguiría siendo esa María de catorce años que estaba a la deriva.

¿Cuáles son tus prioridades?

Parece una pregunta obvia, pero desgraciadamente no lo es. O por lo menos, no lo es en la práctica. Si no tienes tus prioridades claras, irás dando tumbos de un lado al otro, perdiendo tiempo y energía en banalidades. Priorizar es elegir, y esto muchas veces implica dejar algo por un bien mayor. Ojalá no tuviéramos la necesidad de dormir para que nos diera tiempo a todo, pero resulta que no es así y, además, dormir y descansar debería ser una de tus prioridades, ya que afecta directamente a tu salud. Pero este no es el tema.

Tienes que saber qué es realmente importante para ti para repartir bien tu tiempo y energía. La familia, los amigos, el trabajo, la salud, el desarrollo personal, los *hobbies*, la contribución social, la paz mental, la educación, la espiritualidad, el dinero, los viajes... Crea tu lista de prioridades para no traicionarte a ti mismo.

Hay muchas personas que, teniendo claro que su prioridad es la familia, acaban anteponiendo su trabajo o sus amigos para conseguir mayor reconocimiento o aceptación social, dejando a su familia en un segundo plano. Los compromisos sociales, familiares o laborales solo son compromisos si tú decides que lo sean. Aprender a decir que no y poner límites es esencial para ello, así que más adelante veremos cómo hacerlo. Para vivir una vida plena, a pesar del qué dirán, es fundamental que seas coherente contigo mismo.

Aceptación

Aceptación interior

No quiero ser perfecta, quiero ser feliz. Cuando te aceptas tal y como eres, ninguna crítica podrá derribarte. Ya te conoces, así que todo lo que sea falso o aquello con lo que no estés de acuerdo, no te hará tambalear. Todo lo que sea cierto y parte de tus defectos, tampoco, porque los has abrazado e integrado dentro de ti.

El humorista que se reía de sí

El otro día escuchaba una entrevista de un humorista que contaba que empezó a ser gracioso en el instituto porque reírse de sí mismo era la mejor arma para que los demás no se rieran de él. Explicaba que era un niño que tardó en crecer, así que era mucho más bajito que sus compañeros y tenía una voz mucho más aguda. Comenzó a hacer bromas sobre sí, así que las críticas no tenían ningún peso o gracia para los otros. Al reconocer y aceptar sus defectos, acabó ganándose la simpatía de los otros chicos.

Cuando dejas de intentar ser perfecto y de esconder aquello que no te gusta de ti o no se te da bien, te liberas. También descubres que eso que tanto te preocupaba en la mayoría de los casos pasa desapercibido. Nunca nada es tan terrible. La vulnerabilidad es una de las armas más poderosas de conexión entre personas y no, no nos hace más débiles, nos hace más fuertes. Fuerte es mostrarse tal y como eres, compartir tus éxitos y tus fracasos, tus subidones y tus bajones, tus luces y tus sombras, porque aquí, nadie se escapa de ser humano.

Si empiezas a trabajar la aceptación, sucede algo mágico, y es que comienzas a aceptar a los otros tal y como son. Dejas de quejarte por cómo son, de intentar cambiarlos, de exigir cómo deberían ser, y ya no te sacan de tus casillas. Cuando dejas de machacarte, dejas de machacar, ya no proyectas fuera lo que tienes dentro.

No puedes olvidarte de tu unicidad, somos ocho mil millones de seres únicos, cada uno con sus cualidades, defectos, experiencias y sueños. Reconoce y celebra tu ser. Y cuando la cagues, háblate como le hablarías a tu mejor amigo o a tus hijos, suelta el látigo.

Te propongo otro ejercicio de reflexión. Ya tienes la lista de fortalezas y debilidades. Como hemos visto en el punto anterior, es importante valorar y potenciar las virtudes, reconocerlas y agradecer que forman parte de ti. Con las debilidades vas a hacer dos grupos: el grupo de aceptación y el grupo de transformación.

Dejando la exigencia a un lado, sé completamente honesto y decide qué defectos puedes aceptar porque no son tan graves y cuáles quieres y necesitas transformar porque te hacen daño o hacen daño a los demás. Por ejemplo, puedo aceptar ser desordenada y cabezota, ya que no es algo que haga daño ni me limite en exceso. Y quiero transformar ser agresiva y procrastinar, porque hace daño y limita mi desarrollo. La aceptación no significa resignación, sino reconocer y abrazar nuestra humanidad. Del mismo modo, la transformación no se trata de autorrechazo, sino de automejora consciente.

Yo soy mandona, es algo que me han dicho toda la vida y, a pesar de haber mejorado mucho, sigo siéndolo. No es algo que agrade a las personas que me rodean, pero creo que mis virtudes compensan con creces esta parte de mí. He dejado de luchar contra ello para intentar agradar y ser perfecta. Tengo cosas más importantes en las que invertir mi tiempo y mi energía.

Ahora te toca a ti determinar qué decides aceptar y qué decides transformar. Puedes llevar un registro de las veces que te atacas o te criticas durante el día en tu diario o en las notas del móvil. Una vez escritas, analízalas, practica la aceptación, la compasión y libérate del perfeccionismo.

Te comparto los mantras que me ayudan y te pueden acompañar:

— Quiero ser feliz, no perfecta.
— Soy humana, como todos.
— Aprendo de mis errores.
— Elijo ser amable y amorosa conmigo misma.
— Cuanto más me acepto, más acepto.

Aceptación exterior

Esto implica aceptar a aquellas personas o situaciones que no podemos cambiar y se escapan de nuestro control. La aceptación es el proceso de reconocer y acoger la realidad tal cual es, sin intentar cambiarla, negarla o luchar contra ella, para dejar de darse cabezazos contra la pared. Es una comprensión profunda de que ciertos aspectos de la vida están fuera de nuestra zona de influencia y responsabilidad.

A muchas personas les cuesta mucho entender este concepto —yo también fui una de ellas—, confundiendo la aceptación con la resignación o la conformidad, creyendo que implica quitarle importancia o valor a lo que ha sucedido. La aceptación implica dejar de luchar contra lo que no se puede cambiar, bien porque ya ha sucedido, bien porque está completamente fuera del alcance que se produzca un cambio. Por ejemplo, aceptar a un padre ausente o violento es complejo. Se tiende a pensar que aceptarlo significa validar su comportamiento dañino o quitarle importancia a lo sucedido. Sin embargo, no es una validación de las acciones o comportamientos; es un reconocimiento de que estas situaciones existen y que nos han impactado de alguna manera, para que así nos podamos hacer cargo de ello.

Cuando confundimos la aceptación con la resignación, creemos que significa perder la batalla o rendirse. Pero gracias a la aceptación podemos enfrentar la realidad con los ojos abiertos, liberándonos de la ilusión de que nuestra negación cambiará las cosas.

En el caso del padre violento, aceptar no significa tolerar comportamientos dañinos o querer tener una relación con él, significa dejar de luchar con lo que no va a cambiar y decidir cómo vamos a trabajar para que deje de hacernos daño.

Podemos decir que la aceptación es el primer paso para cualquier cambio significativo que queramos tener en la vida. Al aceptar plenamente la realidad, recuperamos el poder, desde donde podemos tomar decisiones conscientes sobre el futuro en vez de quedarnos anclados en lo que no podemos cambiar.

La aceptación tanto interna como externa es una herramienta fundamental. Nos enseña a abrazar nuestra humanidad con todas sus imperfecciones y a navegar por el mundo con responsabilidad, entendiendo que, aunque no podemos controlar todo lo que nos sucede, sí tenemos el poder de elegir cómo respondemos. La aceptación nos permite vivir con autenticidad, liberarnos del perfeccionismo y explorar posibilidades ilimitadas.

RECUERDA

— La aceptación interior implica abrazar por igual a tus luces como a tus sombras.
— Cuando te aceptas y dejas de intentar ser perfecto, te liberas.
— La aceptación exterior implica reconocer aquello que es y no puedes cambiar para poder liberarte de la ira o el rencor.
— La aceptación es un paso fundamental para recuperar las riendas de tu vida.

Atrévete

Para fortalecer la seguridad en uno, el autoconocimiento y la aceptación no son suficientes. Necesitamos tomar acción para producir cambios y demostrarnos de lo que somos capaces. Celebrar los logros y reconocer la valentía nos proporcionará un chute de confianza para seguir creando la vida que deseamos. A continuación, te dejo algunos ejemplos para dar el primer paso:

Atrévete a enfrentar tus miedos

Identifica algo que te genera inseguridad y pon una meta realista que te ayude a superarlo. Puedes establecer pequeños pasos si no te atreves a enfrentarte a ello de golpe. Si te da vergüenza bailar, empieza apuntándote a una clase de baile o practicando una coreografía en tu casa, para luego atreverte a hacerlo con tus familiares o amigos. Si te da vergüenza hablar en público, compra un libro de oratoria y practica frente al espejo, atrévete con un grupo pequeño de personas para soltarte y sigue avanzando poniéndote metas cada vez mayores. No hace falta que te lances a dar una charla ante trescientas personas. Si te genera inseguridad tu cuerpo, ponte aquellas prendas que te encantan pero que piensas que no son para ti, permítete estar en bañador o bikini en verano y dedícale palabras de amor por todo lo que hace por ti. Ve poco a poco, elige acciones que te reten pero que no te den pánico.

Atrévete a ser tú

Cada persona es única, y esa unicidad es lo que te hace especial. Atrévete a destacar por lo que realmente eres, no por lo que otros esperan que seas. Puedes vestirte de una manera que refleje tu verdadero yo, compartir tus opiniones únicas o seguir un camino menos convencional en tu vida personal. Exprésate libremente, comparte lo que piensas y lo que sientes, tus creencias e intereses, aunque puedan ser juzgados.

Atrévete a desafiar las expectativas sociales

Ya sabes que las normas y expectativas sociales pueden ser muy limitantes. Atrévete a vivir de acuerdo con tus propios valores y convicciones, incluso si esto significa ir contra lo que se considera «esperado» por la comunidad. Ya sea en tu elección de estudios, estilo de vida o en cómo eliges formar y expresar tus relaciones, confía en ti.

Atrévete a priorizar tu bienestar

La presión por complacer puede ser abrumadora y perjudicial para tu bienestar. Atrévete a poner tus necesidades y salud mental en primer lugar, estableciendo límites saludables y diciendo no cuando sea necesario para proteger tu espacio y energía.

Atrévete a ser imperfecto

La búsqueda de la perfección es una carrera sin fin que solo alimenta la inseguridad. Atrévete a aceptar tus imperfecciones, reconociéndolas como parte de tu humanidad. Comparte tus errores y aprendizajes con otros; esto no solo te liberará, también inspirará a quienes te rodean a aceptar sus propias imperfecciones.

Atrévete a confiar en ti

Construir confianza en uno es un proceso continuo. Atrévete a fiarte de tu intuición, de tus decisiones y de tu capacidad para superar los desafíos. Esta confianza interna es tu brújula, y te guiará hacia tu verdadero camino.

Atrévete a pedir ayuda

A veces no podemos solos y no hay nada de malo en ello. Cuando estamos en el hoyo o la situación nos desborda emocionalmente, es difícil elegir y tomar acción. Muchas veces no sabemos ni por dónde empezar, toca aprender a conocernos, entendernos y gestionarnos, y pedir ayuda siempre será un acierto. No es mi intención condicionarte, pero tu paz mental debería ser una prioridad.

Incorporar estos «atrevimientos» puede ser transformador. Cada paso que tomas para liberarte del qué dirán no solo te acerca más a tu auténtico ser, sino que también te empodera para vivir de manera más plena.

RECUERDA

Atrévete a enfrentar tus miedos, a ser tú, a desafiar las expectativas sociales, a priorizar tu bienestar, a ser imperfecto, a confiar en ti y a pedir ayuda.

Nada es personal

Este es uno de los aprendizajes y mantras que más van a liberarte de la importancia que le das a la opinión de los demás, así que se merece un apartado completo para que no queden dudas.

Lo que hacen y dicen los demás habla de ellos, no de ti.
Lo que dices y haces habla de ti, no del otro.

El ego hace que nos tomemos todo de forma personal sin ser capaces de ir más allá. Aunque alguien te ataque, te juzgue o te critique, está hablando de lo que tiene dentro, de su sistema de creencias, de sus opiniones, de sus heridas y de las gafas con las que ve el mundo. Proyecta sobre ti lo que tiene en su interior.

Como vimos con los *haters,* nuestras acciones son un reflejo de lo que pasa dentro de nosotros, aunque no es excluyente de revisar si estamos siendo idiotas, pero es algo que tienes que valorar tú.

El verdadero egocentrismo

Solemos creer que las personas egocéntricas son aquellas que tienen una mayor seguridad y autoestima, que se atreven a mostrarse más o que se creen más importantes y, en realidad, suele ser todo lo contrario. Ser egocéntrico no es querer llamar la atención, sino creer que todo gira a tu alrededor y que todo tiene que ver contigo.

Somos egocéntricos si nos tomamos un comentario de forma personal, si pensamos que el mal humor de una amiga tiene algo que ver con nosotros sin razón aparente, si nos da vergüenza bailar por miedo a ser observados, si creemos que el jefe no nos responde los mensajes porque hemos cometido un error, si imaginamos que los demás están analizando todo lo que decimos y hacemos para luego juzgarnos, si nos rayamos porque fulanito puede estar pensando en eso que dijimos cuando opinamos sobre un tema, si no nos contestan a un mensaje y creemos que hemos hecho algo mal, si ante una discusión solo vemos nuestra parte o si solo hablamos de nosotros cuando estamos con gente.

Este tipo de interpretaciones suelen aparecer cuando más inseguros nos sentimos. Creemos que el resto nos está mirando y juzgando, olvidando que los demás tienen sus propias preocupaciones y que no somos tan importantes para ellos.

No eres tan importante

Este es otro de mis mantras favoritos. Muchas veces nos paralizamos por el miedo al qué dirán cuando en verdad no dirán nada, y otras, por una crítica que supone un grano de arena para la otra persona, pero tú lo vives como si fuera la playa entera, olvidando que ese grano no te pertenece, ya que forma parte de la playa de otro.

La mayoría de tus pensamientos tienen que ver contigo, no con los pensamientos de los demás.

Cuando empecé con las redes sociales, decidí compartir lo que creía que podía aportar, así que me animé a crear contenido. En mis primeras publicaciones, recuerdo darle vueltas a lo que podían pensar otros compañeros de profesión o mis profesores si encontraban mi perfil, a si se me notaba mucho que miraba a un lado para seguir un esquema al hacer un vídeo o si era suficientemente buena para gustar al público. Como ya he dicho, son miedos e inseguridades que veo con frecuencia en emprendedores que tienen su marca personal y subir contenido a redes sociales se les hace bola.

Muchas veces detrás de la pereza, la procrastinación o de creer que esto no es para ti hay un miedo más profundo a ser juzgado, sobre todo por familiares y amigos: qué van a pensar, se van a reír, lo van a comentar a mis espaldas, pensarán que quién me creo que soy, que estoy haciendo el ridículo… Y el peso del qué dirán aplasta fulminantemente nuestros deseos de compartir, crecer y prosperar. Se nos olvida que no somos tan importantes para los demás y que si alguien cercano te critica por ello, quizás esa persona no tiene que estar en tu vida.

Mi compañera era espiada

Hace unos años tuve una conversación con una compañera de *coaching* que refleja muy bien la importancia que nos damos frente a otros. Estaba intentando animarla a que se abriera un perfil en redes sociales para darse a conocer y así poder ofrecer sus servicios para dedicarse a ello. Entiendo perfectamente a la gente que no quiere tener redes porque les parece una pérdida de tiempo o de atención, no les interesa o no desean exponerse dejando una huella digital, pero la respuesta de mi compañera me dejó perpleja: no quería tenerlas porque nos espiaban. No pude contener una risa interna. «Pero ¿quién iba a querer espiarte? ¿Estoy hablando con la presidenta de Estados Unidos y no me había enterado? Me da la impresión de que a ningún Gobierno o multinacional todopoderosa le interesa espiarte, ni a ti ni a mí. Como mucho les interesan nuestros gustos e intereses para bombardearnos a publicidad», pensé. Pero así somos, amigos, egocéntricos hasta la médula.

Así que cada vez que me sorprendo siendo egocéntrica, me animo a hacer lo que me dé la gana a pesar del qué dirán, y tengo presente estas frases, quizás te ayuden a ti también.

- —No eres tan importante, cada persona tiene su vida.
- —Importa lo que aportas, no tú.
- —Lo que dicen los demás tiene que ver con ellos.

—Si alguien te critica, ese alguien no tiene que estar en tu vida o en tu comunidad.
—Tus sueños tienen que estar por encima de tus miedos.
—Mi opinión tiene que ser siempre la más importante.

¿Cómo de triste puede ser dejar de vivir y crear la vida que deseas por simples opiniones ajenas? ¿En qué momento le damos tanto poder a una simple construcción mental?

Actuar a pesar del miedo

Cuando reflexionamos sobre el peso que hemos depositado en el qué dirán, nos da vergüenza y nos parece absurdo. Entendemos totalmente que no estamos de acuerdo en depositar el poder de nuestra vida en opiniones ajenas y queremos empezar a elegir, decidir y actuar a pesar de ello. Pero por mucho que racionalicemos y entendamos algo, si no lo interiorizamos, seguiremos igual. Hacer clic con un tema no es suficiente, ya que el ego lleva muchos años asumiendo el control y construyéndose a través de los demás.

Para interiorizar una nueva creencia como, por ejemplo, «elijo ser siempre fiel a mí misma a pesar del qué dirán», necesitamos mucha repetición y toma de acción. En este caso, la repetición puede ser hacer un análisis diario de las veces que nos ha influido o afectado la opinión de otros para estar más pendientes las próximas veces y observar cómo vamos evolucionando. Y podemos tomar acción haciendo aquello que queremos, aunque sigamos teniendo miedo al qué dirán, como subir contenido a redes sociales o ir en moño y con la cara lavada a una cena con tu grupo de amigos. Prueba, juega, analiza dónde te sueles cortar, y proponte nuevas acciones para demostrarte que eres más importante que los juicios de los demás.

Ver más allá

La última parte del juego consiste en apartarte emocionalmente de la situación y ser capaz de ver al otro. Si alguien te juzga o te critica, recuerda que no es personal y observa a la otra persona: ¿qué información está dando sobre sí misma? ¿Cuáles son sus juicios? ¿A qué le da valor? ¿Qué miedos o inseguridades está proyectando?

Hace poco subí un vídeo y recibí varios comentarios de este tipo: «Te crees muy lista» o «Te crees superior». De esta clase de juicios puedo ver las inseguridades de la otra persona con respecto a su propia inteligencia o a su complejo de inferioridad. Como tuvo miles de visualizaciones, cada persona que comentaba lo hacía desde sus gafas, por lo que hubo decenas de comentarios que no tenían nada que ver unos con otros, pero sí con la persona que los emitía. Aunque estos comentarios se dirigieran a mí, no hablaban de mí, sino de quien escribía.

Aun pudiendo ser juzgado, o fracasar en el intento de conseguir tus objetivos, actuar a pesar del miedo hace que te demuestres que eres mucho más fuerte, valiente y capaz de lo que te imaginabas. Y eso vale muchísimo más que la opinión de cualquier persona. Te sentirás más libre y orgulloso haciendo lo que quieres, eligiéndote y comprometiéndote contigo mismo, sea cual sea el resultado, que haciéndote pequeño por el qué dirán.

La cara B del egocentrismo

Solemos tener la absurda creencia de que nuestra realidad es la realidad y que nuestro punto de vista es el mejor; las opiniones se convierten en parte de nuestra identidad, necesitando defenderlas e imponerlas a toda costa, y nos solemos sentir atacados cuando alguien tiene opiniones distintas o contrarias. Tu opinión tiene que ser importante para ti, no para los demás, y debes tener siempre presente que no es mejor ni más verdadera que la de los otros, simplemente es diferente.

Hay personas que creen que deben dar o defender su opinión como un deber moral. Pero no, no hace falta que compartas todo lo que se te pasa por la cabeza, sobre todo si no tiene nada que aportar. En *coaching* podemos encontrar la distinción entre sinceridad y sincericidio. El sincericidio nace del egocentrismo y describe una situación en la que la persona da su opinión totalmente contraproducente, dañina o inapropiada, escudándose en ser sincero, auténtico o en estar haciendo lo correcto. José Luis, si no te han pedido tu opinión es porque no la quieren, y menos aún si no te conocen.

Recuerdo ver en el perfil de una *influencer* un comentario que decía: «Doy mi opinión porque tiene un perfil público y, si se expone a ello, será porque quiere nuestra opinión». Me entró la risa y dije para mis adentros: «¿Pero usted quién es?». Esta persona no sabe de tu existencia y le chupa un pie tu parecer. Pero esa persona se siente importante y vista, aunque sea desde el anonimato y durante un instante, por la atención que recibe y de la que parece carecer en su vida real.

Este tipo de comentarios llevan a una falta de empatía que nos desconecta del verdadero ser, del amor y la aceptación que forma parte de nosotros por naturaleza, que nos hace permanecer en nuestro centro, sintiéndonos bien con nosotros y en paz. El problema de esta falta de empatía no es solo hacer daño, sino cómo te hace perderte a ti mismo.

El sufrimiento insoportable

En mi época universitaria coincidía a menudo en las noches de fiesta con una chica que para muchos era insoportable. Hablaba muy alto, solía interrumpir las conversaciones, presionaba para ir a la discoteca donde estaba su ligue de turno sin tener en cuenta a los demás, no paraba de hacerse fotos y solo hablaba de ella.

Es muy fácil juzgar comportamientos y catalogar a una persona como insoportable, y sentir un rechazo instantáneo. Pero ¿qué pasa si miramos más allá? Esta joven había crecido en un hogar disfuncional, con violencia y humillaciones diarias. Sus padres se llevaban a matar, era hija única y muchas veces sufría las consecuencias. Como toda niña, buscaba con desesperación la aprobación de sus padres, e intentaba convertirse en la niña modelo, portándose siempre bien, siendo completamente servicial y sacando las mejores notas. Pero nunca era suficiente. En su casa siempre era un estorbo y vivía anulada. Ahora, de adulta, necesitaba esa atención y ese amor que no recibió, intentando ser vista y queriendo gustar a cualquier chico que le hiciera un poco de caso.

Cuando ves un poco más allá, empatizas, y en vez de sentir rechazo, quizás sientas compasión. La emoción y el comportamiento se vuelven más amables y nos sentimos mejor con la otra persona, pero también con nosotros mismos. Ya sabemos que empatizar no es justificar, y podemos no querer a ciertas personas en el círculo o entorno más cercano. Por mucho sufrimiento que traigan en su mochila, no hemos venido a salvar a nadie y cada uno tiene que hacerse cargo de su situación. Pero podemos hacernos responsables de no seguir dañando al otro y elegir retirarnos desde el amor.

RECUERDA

— Lo que dicen y hacen los demás tiene que ver con ellos, no contigo.
— El mundo no gira a tu alrededor, no eres tan importante.
— Hacer clic no es suficiente, tienes que tomar acción si quieres cambiar tu perspectiva.
— No seas un sincericida egocéntrico a quien nadie le ha pedido su opinión.

Elige tus luchas

La vida es el resultado de las decisiones que tomamos. Casi siempre tenemos la oportunidad de elegir y siempre estamos haciéndolo, consciente o inconscientemente. Las decisiones están basadas en las creencias, así que asegúrate de que sean tuyas y no fruto del condicionamiento externo.

A diario nos encontramos en la encrucijada de elegir, no solo sobre deseos y metas, sino también sobre las batallas que decidimos librar, porque no todas ellas merecen ser peleadas. Toca discernir cuándo defender creencias, necesidades y derechos, y cuándo es preferible ignorar o soltar aquello que no nos va a aportar nada.

Soltar la razón

¿Sigues discutiendo por tener razón? ¿Merece la pena cuando lo haces? ¿Inflar tu ego es más gratificante que estar tranquilo? Prefiero tener paz que tener razón, aunque no siempre ha sido así.

No olvides que tu ego se identifica con tus creencias, juicios, etiquetas y experiencias de vida como si formaran parte de tu identidad. Cuando estás tan identificado con tus pensamientos, defiendes tu «razón» como si te estuvieras defendiendo a ti. Hasta que te das cuenta de que tú no eres tus pensamientos, y que tus creencias o tu «razón» es una ilusión creada por tu ego —a menos que se trate de un hecho en sí—.

Ya sabes que las percepciones y creencias están influenciadas por las experiencias, la educación y la cultura, lo cual significa que lo que consideramos «verdad» es relativo y subjetivo. La aceptación de las distintas percepciones que hacemos las personas y de que te debería chupar un pie que otros tengan opiniones diferentes es fundamental para vivir en paz.

Como sabes, he sido insoportablemente cabezota, podía discutir hasta el color del cielo. Me costó mucho aprender que mi realidad no era la realidad, y que mi forma de ver las cosas no era mejor que la del otro, simplemente era diferente. También estaba cegada por mi ego, siendo incapaz de ver que la incomodidad de la conversación o la discusión que se estaba generando no merecía en absoluto la pena.

A día de hoy sigo siendo algo cabezota, aunque mucho más soportable y abierta a escuchar otros puntos de vista para aprender de los demás. Así que te invito a elegir tus luchas, las que realmente merecen la pena, ya sea con tu familia, con tu pareja, con tus amigos, con tus compañeros de trabajo o con tus *haters* —para mí, estos últimos no merecen ninguna batalla—.

¿Para qué?

Esta pregunta es válida para todo en la vida. Cuando tengas un objetivo, cuando quieras decir o hacer cualquier cosa, cuando debas tomar una decisión o te dispongas a luchar, pregúntate para qué.

El «para qué» nos conecta con los verdaderos intereses y objetivos, ya que si nos preguntamos por qué, conectaremos con las justificaciones y las excusas de hacerlo. Es esencial identificar si la lucha tiene el potencial de generar un cambio positivo en nuestras vidas o en la de otros o si, por el contrario, es una distracción de las verdaderas prioridades. Que tu «para qué» tenga valor.

Cuándo luchar

Existen situaciones donde consideramos válido y necesario defender nuestros intereses y derechos, ya que tendrán consecuencias tangibles en nuestra vida. Luchar por los derechos laborales, la integridad emocional o física, la necesidad de tener espacio personal o la implementación de límites para el bienestar son algunos ejemplos. Lo difícil está en el cómo. Tener una comunicación asertiva muchas veces no es tarea fácil, es algo que se entrena. Por ejemplo, a mí no me compensa luchar con mi pareja por que se acuerde y sea más atento con los horarios de nuestras hijas, es algo que le cuesta mucho y yo puedo recordárselo. A él no le compensa luchar con que sea más ordenada con la ropa que dejo tirada en nuestra habitación, es algo que no tengo incorporado y a él no le causa ningún mal. Son cosas que no son tan importantes y que no nos están causando un daño real, simplemente son expectativas de que la otra persona sea como uno mismo. Son luchas que no nos compensa librar, yo puedo recordarle que es la hora de acostar a las niñas y él puede vivir viendo mi pijama tirado en la silla. Sin embargo, sí me compensa luchar para que estos horarios se respeten y que nuestras hijas tengan un buen descanso y a él le compensa luchar por tener más tiempo libre y que nos organicemos mejor para poder hacer más deporte que le haga sentir tan bien.

Por otro lado, tengo clarísimo que para mí no existen las batallas con personas que me son indiferentes o que no conozco. Me parece absurdo exponer y defender mis creencias u opiniones con alguien que no me importa o justificar mis ideas ante un *hater*.

Cuando vayas a «luchar», valora si es algo realmente importante para ti. Prioriza qué prefieres defender y no te desgastes por cosas que no son tan importantes. Deja de esperar que los demás piensen y actúen como tú lo harías y suelta la necesidad de convencer al otro.

Si todavía tienes dudas, te dejo algunas preguntas para valorar si entras al trapo: ¿afecta esta situación a mi vida o la de mis seres queridos?, ¿tiene esta disputa el potencial de provocar un cambio positivo?, ¿estoy invirtiendo mi tiempo y energía en algo o alguien importante para mí?, ¿me sentiré orgulloso de esta lucha en el futuro, sin importar el resultado?

Límites

Los límites son aquellas líneas rojas o ese espacio que no queremos que sea traspasado. Son los comentarios o acciones innegociables que nos generan algún tipo de daño o malestar. Implican comunicar cómo nos sentimos y qué necesitamos para que podamos tener relaciones sanas o cuidar de nuestro bienestar.

Los límites sanos no implican luchar, enfadarse o ser agresivos. Poner límites saludables significa mostrar nuestra vulnerabilidad, compartir cómo nos sentimos y qué necesidades tenemos para tener relaciones honestas. Asimismo, pueden protegernos de situaciones o relaciones tóxicas, por eso me gusta distinguir entre límites amorosos y límites extremos.

Los amorosos son aquellos que queremos poner a personas cercanas que nos importan, como la familia, pareja o amigos. Queremos evitar hacerles daño y ser lo más empáticos y asertivos posibles, expresando de la mejor manera cómo nos sentimos y qué necesitamos sin hostilidad ni agresividad. Ponemos límites desde el amor.

Los extremos son aquellos que debemos poner cuando la comunicación no funciona, cuando sabemos a ciencia cierta que va a estallar una bomba al ponerlos o cuando son para personas menos cercanas o importantes con las que no tenemos ningún tipo de confianza o intimidad. Estos límites tienen más que ver con las acciones, como irte, dejar de quedar con alguien, dejar de contar determinadas cosas, reducir el tiempo que pasamos con esa persona, ignorarla o incluso romper la relación.

Aprender a poner límites y a decir que no es una muestra de amor propio. Veamos cómo saber que necesitas poner uno.

—Cuando los comentarios o acciones de una persona te incomodan, te generan inseguridad, miedo, estrés o ansiedad, y te bajan la energía.
—Cuando la relación con esa persona está desequilibrada y crees que das mucho más de lo que recibes.
—Cuando te traicionas a ti mismo para no molestar a otra persona y no te permites ser como eres o expresarte con honestidad.
—Cuando perjudica tu salud y bienestar.
—Cuando tus derechos o necesidades están siendo vulnerados.
—Cuando simplemente no quieres hacer algo.

Después de saber cuándo necesitas ponerlos, conoce los pasos que hay que dar para hacerlo.

Paso 1. Identifícalos

Debes tener claros cuáles son, qué te genera incomodidad, sufrimiento o malestar, y qué personas te están haciendo sentir así. Qué es aquello que no te gusta o no estás dispuesto a hacer. También sería un plus si pudieras expresar qué necesitas de la otra persona o qué te gustaría ante esa situación.

Paso 2. Trabaja tus creencias sobre ellos

Si no has puesto límites hasta ahora es porque tienes miedo al conflicto, al rechazo, al abandono, a ser mala persona, a ser egoísta, a no saber hacerlo, a mantenerte firme o a perder algo, y este miedo hay que transformarlo desde el amor hacia ti, la necesidad de priorizarte y cuidarte.

Paso 3. Poner el límite

Elige un momento tranquilo si es posible. No esperes a explotar. Cuanto antes lo hagas, con más amor lo harás. Si expresas cómo te sientes, qué es lo que te hace sentirte así y qué necesitas de esa persona —teniendo en cuenta sus necesidades también—, ayudará mucho a que sea menos incómodo. De ti depende si quieres dar explicaciones.

Paso 4. Mantenerlos

De nada sirve poner un límite si no te mantienes firme. Puede que necesites repetirlo en diferentes ocasiones. Eso no significa que la persona a la que se lo has puesto no lo respete, pero has de entender que se tiene que acostumbrar y que, si es algo que hace con frecuencia, le costará cambiar el hábito.

Paso 5. Paciencia

Al principio será difícil, te sentirás superincómodo, pero, como todo, se necesita práctica para sentirte cada vez más seguro. No lo dejes pasar, es un regalo que te estás haciendo.

No esperes hacerlo todo perfecto ni que aparezcan las ganas o el momento ideal, porque eso no va a pasar. Puedes ponerte una fecha concreta para hablar con esa persona y practicar antes de hacerlo.

Formas de decir que no

Comparto algunos ejemplos de límites para que los puedas adaptar a tu situación particular:

- —Me encantaría, pero realmente necesito recargar energía este fin de semana.
- —¡Uf, me va a tocar pasar esta vez! Estoy en modo hibernación social por ahora.
- —Ay, me encantaría ayudarte, pero estoy hasta el cuello de cosas por hacer. ¿Puede esperar para otro momento?

—Gracias por pensar en mí, pero ahora mismo no estoy interesada.

—Ahora no puedo, te aviso cuando tenga más tiempo.

—Gracias por querer ayudarme, pero me gustaría decidir sola las normas y educación que quiero darles a mis hijos. Te pediré ayuda cuando la necesite.

—Gracias por preocuparte por mí, pero prefiero tomar mis decisiones sola, te pediré ayuda cuando tenga dudas.

—Me gustaría que la próxima vez que quieras visitarnos me avisaras con tiempo, nos gusta mucho verte, pero así podremos organizarnos mejor.

—Que hagas comentarios sobre mi peso no me ayuda y me hace sentir incómoda. Te agradecería que dejaras de hacerlo.

—Me pillas en medio de una cosa, ¿te parece que te avise cuando termine y lo hablamos luego?

—Agradezco mucho la oferta, pero no es el momento adecuado para mí. ¡Seguimos en contacto para el futuro!

—¡Guau, qué oportunidad! Sin embargo, tengo que ser fiel a mis prioridades y no me encaja. ¡Espero que encuentres a la persona adecuada!

— Oh, cuánto lo siento, ahora no puedo ayudarte, estoy a tope.
— Solo tengo treinta minutos para la reunión de hoy, intentaré ser lo más concisa posible porque luego me tengo que ir.
— Cuando no estamos de acuerdo en algo y empezamos a discutir, necesito un tiempo para calmarme y reflexionar, y poder así abordar la conversación de una forma más sana.
— Esto no me va en el sexo, pero me gusta mucho esto y lo otro.
— Creo que el respeto mutuo es fundamental en cualquier relación. Hablemos de cómo podemos asegurarnos de que ambos nos sintamos escuchados y valorados.
— Me siento incómoda cuando se habla de eso. Cambiemos de tema, ¿te parece?
— Valoro mucho nuestra amistad, pero necesito un poco de espacio en este aspecto.
— Prefiero no hablar de la gente cuando no están presentes. Cambiemos de tema, ¿qué me cuentas de ti?
— Uy, eso es algo entre ellos. Yo prefiero no meterme en el tema.
— No me llama mucho la atención, la verdad. Pero estoy abierta a otras ideas.

—Lo siento un montón, pero me ha surgido un imprevisto y no voy a poder ir. ¡Espero que lo pases genial sin mí!

—¡Qué pena! Me acaba de surgir un imprevisto. Tendrá que ser en otra ocasión.

—Oh, ese tema me da mal rollo. Prefiero mantener mi energía, ¿hablamos de algo más tranqui?

—Lo siento, pero tengo una política de no prestar dinero a amigos para mantener todo en paz. Espero que lo entiendas.

—Estoy al máximo de mi capacidad ahora mismo. ¿Podemos revisar las prioridades o buscar ayuda adicional?

—Quiero asegurarme de hacer un buen trabajo con lo que ya tengo. Añadir más sería contraproducente para todos.

—Esta noche me toca cita conmigo misma: ¡peli, sofá y mantita! Pero gracias por pensar en mí.

—Estoy en una temporada de recargar mi energía en soledad. ¡Pero gracias por invitarme!

—Fue genial conocerte, pero no sentí conexión. ¡Te deseo lo mejor en tu búsqueda!

—Gracias por una noche agradable, pero creo que vamos por caminos diferentes. ¡Buena suerte!

—Eso que has dicho me parece una falta de respeto. Si vuelves a hacer ese tipo de comentarios, tendré que dejar de verte.

—Como te he comentado en varias ocasiones, me molesta y hace daño esa actitud, y veo que no lo estás respetando. Mejor me voy.

Desde pequeña empecé a poner límites de mala manera. Como te he contado antes, tuve una adolescencia rebelde y podía ser muy impertinente. Cuando algo me enfadaba, lo mandaba a la mierda. No tenía ni idea de cómo gestionar el conflicto, así que directamente intentaba eliminarlo, haciendo como si nada pasara o cortando la relación con esa persona. También empecé a rebelarme en los eventos familiares, ya que casi nunca me apetecía ir y no entendía por qué me obligaban. Pero en realidad solo me atrevía a poner límites con personas con las que tenía mucha confianza o con aquellas con las que había habido un problema o discusión, el resto de las situaciones que me incomodaban prefería dejarlas pasar.

Cuando tuve mi primera relación de pareja, había cosas que me molestaban y pasaba por alto por miedo al conflicto, al rechazo o a que me dejara. Si me cambiaba de planes, no se acordaba de algo significativo, no me sentía apoyada o tenía alguna actitud hacia mí que no me gustaba, me decía que no era tan importante.

Al empezar a ser mi propia jefa, decía que sí a todas las invitaciones o proyectos que me propusieran. Tenía miedo a causar una mala imagen. Directos en redes sociales con cualquiera, charlas gratuitas, proyectos que no terminaban de resonar conmigo…, hasta que decidí instaurar el no como base para casi todo.

Mis prioridades en estos momentos son mi familia, pasar el máximo tiempo posible con mis hijas y mi trabajo, enfocándome en aportar a mi comunidad y en que me aporte a mí también. No me interesa sacrificarme, hacer cosas que no me resuenan o regalar mi trabajo para quedar bien. ¿Y sabes qué ha pasado? Que la mayoría lo entiende. Porque esas personas también ponen límites o también necesitan ponerlos, aunque todavía no se atrevan.

RECUERDA

— Elige entre tener paz o razón.
— Antes de luchar, pregúntate para qué.
— Poner límites es una muestra de amor propio.
— Los límites pueden ponerse desde el amor sin que tenga lugar un conflicto.

No puedes gustar a todo el mundo

No podemos agradar a todos, y no pasa nada. Absolutamente nada. La aceptación de esta realidad no es solo liberadora, también esencial para el amor propio.

Ya sabemos que, desde una perspectiva histórica y antropológica, el deseo de pertenencia ha sido fundamental para la supervivencia humana. Sin embargo, en la actualidad este anhelo trasciende la necesidad de supervivencia, convirtiéndose en una búsqueda incansable de aprobación universal que realmente no necesitamos y resulta agotador.

Creo que tú tampoco te irías a tomar un café con cualquiera. Cada persona tenemos unas particularidades, unas creencias, unos intereses y hábitos que no encajan con todo el mundo. No hace falta odiar a nadie, pero no todas las personas que conocemos nos van a gustar. Incluso hay veces que puede ser un halago no gustar a algunas o preocupante gustar a otras.

Todos nos hemos sentido rechazados en algún momento. Ya sea en casa, en el colegio, en el trabajo o en nuestra vida amorosa. Y casi todos lo hemos vivido como un drama. ¿Qué he hecho mal? ¿No soy suficiente? ¿Qué hay de malo en mí? Como seres egocéntricos que somos, queremos saber qué problema tenemos. Y sí, puede que la hayamos cagado con algunas personas, pero si te has hecho estas preguntas, es porque quizás no has hecho nada malo y no encuentras una explicación. Tenemos que dejar de dar el control remoto de la vida y la identidad a otros. Piensa que hay gente a la que no le gusta el jamón ibérico, ¿significa eso que no esté bueno?

Cuando dejamos de poner el foco fuera, nos liberamos de una presión constante por ser simpáticos, por no decir nada fuera de lugar o por encajar. Nos permitimos ser, a pesar del qué dirán. Y si crees que no gustas a nadie, déjame decirte que no eres tan especial. Todos somos diferentes y únicos, pero no tanto: sigues siendo un humano formando parte de un todo.

Suelta el control de la imagen que quieres proyectar o de la opinión que te gustaría que tuvieran de ti. No necesitas buscar seguridad en las gafas de los demás, necesitas sentirte seguro en las tuyas. Es imposible predecir lo que otros piensen de ti, ya que cada persona te mirará desde sus gafas, y un mismo comentario o una misma acción provocará opiniones y reacciones diferentes. Todo depende de las gafas que estén mirando. Así que lo mejor que puedes hacer, donde mejor te puedes sentir, como más seguro vas a estar, es siendo tú mismo en todo momento. Además, paradójicamente, la búsqueda de control generará el efecto contrario al que estás buscando. Quieres controlar la imagen que tienen de ti para sentirte seguro, pero hacerlo hará que te sientas cada vez más inseguro.

Hace tiempo me dijeron que si gustas a todo el mundo significa que estás siendo políticamente correcto todo el tiempo, y esto implica esconder creencias, valores o actitudes que muestran cómo eres en realidad. Creo que cada persona es libre de compartir lo que quiera sin tener que exponerse. El problema aparece cuando nos convertimos en camaleones sociales que se van adaptando a cada persona y a cada situación para encajar. Pero adaptarte va a llevar implícito traicionarte en algún momento. Y esta falta de criterio o autenticidad hará que no puedas conectar plenamente con los demás. También me dijeron que si compartía mis creencias espirituales perdería autoridad, así que decidí crear un módulo sobre espiritualidad en un programa *online* para reconocer la presencia que tiene en mi vida y ayudar a otras personas que quieran indagar y descubrir las suyas. No voy a esconder una parte de mí para que la gente me dé su visto bueno.

Podemos encontrar otro ejemplo en el mundo de las marcas personales. Está lleno de estrategias para triunfar con tu negocio: cómo tienes que hablar, qué debes decir, cómo te tienes que vestir, qué imagen debes proyectar o qué pasos has de seguir. En muchos casos te animan a construir un personaje para atraer a un determinado público. Me resulta agotador vivir desde un personaje para vender más. Bastante tenemos con el ego como para añadir uno más.

RECUERDA

—No puedes agradar a todos y el mundo no se acaba.
—A ti tampoco te gustan todos los seres humanos y la vida sigue para ellos.
—El esfuerzo, la energía y el tiempo que gastas agradando a los demás prueba a invertirlo en agradarte a ti.
—Ser tú es la mejor manera de quererte.

Humanízate

Para mí, humanizarte significa aceptar tu condición como ser humano. Esto implica reconocer nuestras imperfecciones, sombras, defectos y errores. Y también hacer este reconocimiento en los demás, dejando de endiosar a cualquiera y siendo capaces de perdonar su humanidad.

No hace mucho me preguntaron en un pódcast qué era lo que me impedía perdonarme por algún error del pasado. Me quedé pensando en aquello que no me había perdonado, pero no encontré nada. He hecho muchas cosas mal, y me perdono por ello.

Si me hubieras preguntado hace diez años, te hubiera sacado una enorme lista enumerando todos mis fallos. Y, ahora, puedo contestar que aquello que me impedía perdonarme era la exigencia de querer ser perfecta. Humanizarte implica soltar la expectativa ilusoria de perfección para con nosotros y con los demás.

La culpa y el rencor son las emociones más reveladoras de falta de humanización. Sentirnos culpables por algún error que hayamos cometido o rencor por las acciones de otros nos revela que hemos sido incapaces de humanizar lo ocurrido. Esto no significa que le quitemos importancia a los errores, pero podemos transformar la culpa en responsabilidad para hacernos cargo y mejorar, y el rencor en perdón para liberarnos del dolor.

Hay personas que humanizan antes a otros que a ellas. Son capaces de empatizar y perdonar a cualquiera y machacarse con severidad por una simple equivocación. He tenido varias clientas superamorosas y compasivas implacables consigo mismas. Suelen necesitar tenerlo todo controlado, y realmente creen que pueden hacerlo, así que si algo no sale como esperan, se culpan sin piedad. Sin embargo, si le ocurre eso a su amiga, logran ver con claridad que no es algo tan importante, que no se puede hacer todo perfecto y que no todo depende de uno. Si es tu caso, te invito a mirarte con los ojos con los que miras a tu mejor amiga o a tu hijo.

Por otro lado, encontramos a las personas que no pasan ni una. Se exigen tanto que esperan que el resto haga igual. Se han deshumanizado deshumanizando también a los demás. Cualquier error es una decepción o una traición a sus propios ideales y creencias de cómo debería ser el mundo. Humanizarte, en este sentido, es también aprender a ser más amable y comprensivo, tanto contigo como con los demás.

Nos ayuda a entender que todos estamos en un proceso de crecimiento y evolución constante. Aceptar que el cambio es parte de nuestra naturaleza y que los errores son oportunidades de aprendizaje es liberador. No se trata de justificar acciones negativas, sino de comprender que somos más que los errores.

Somos seres en constante transformación, buscando mejorar, pero sabiendo que el camino es imperfecto.

El acto de humanizarte implica, entonces, una profunda empatía contigo y con los demás. Significa abrazar la vulnerabilidad como una fuerza, no como una debilidad. La vida es un encuentro con la belleza de la imperfección, con la riqueza de la diversidad humana y con la libertad que viene al aceptarte tal y como eres, sin máscaras ni pretensiones. Al final, humanizarte es un acto de amor incondicional que nos une y nos eleva por encima de las limitaciones y diferencias.

Quiero que sepas que tienes derecho

— a cambiar de opinión,
— a equivocarte,
— a dudar,
— a no ser tu mejor versión,
— a pedir ayuda,
— a descansar,
— a sentir,
— a amarte.

RECUERDA

— Ser humano implica cometer errores, tomar malas decisiones, caerse y levantarse con todo lo aprendido.
— Practicar la humanidad es un acto de amor incondicional que nos une y nos eleva. Implica una profunda empatía contigo y con los demás.
— La culpa y el rencor son las emociones más reveladoras de falta de humanidad.

Nada es tan terrible

Casi nada en esta vida resulta ser tan horrible como imaginamos. De hecho, poseemos una fuerza y resiliencia mucho mayores de lo que creemos. Normalmente, el sufrimiento surge más de las propias construcciones mentales que de lo que en verdad pasa. Somos expertos en crear escenarios catastróficos mucho más dramáticos que cualquier realidad a la que nos enfrentamos, conduciéndonos a un padecimiento innecesario.

El ego tiene como objetivo protegernos y asegurar la supervivencia, pero la forma en la que hemos aprendido a manejar las adversidades determinará el grado de drama y malestar que experimentamos.

En mi segundo año en la universidad tomé la decisión de rebelarme contra mí misma y dejar de exigirme tanto para disfrutar más de la vida. Hasta entonces había sido una buena alumna, pero estudiaba dos carreras y eso implicaba tener muy poco tiempo libre. Sentía envidia de mis amigos, que podían salir de fiesta casi cada noche y gozar de las tardes al sol con una cerveza en la mano. Dejé de ir a clase y de presentarme a los exámenes parciales de la evaluación continua, jugándome el aprobado en los finales: aprobé cuatro asignaturas y suspendí nueve. Yo no suspendía, así que se me cayó el mundo encima al abrir el boletín de notas: «Es imposible que apruebe nueve en recuperación», «Voy a repetir curso», «Va a quedar una mancha en mi currículum», «Cómo voy a explicar este cambio», «Qué van a decir mis padres», «No seguiré con mis amigos», me decía, y un montón de dramas que, sinceramente, no eran tan terribles.

Para empezar, estaba anticipando algo que todavía no había pasado, repetir curso y creer que dejaría una huella imborrable, y para seguir, aunque hubiese repetido, tampoco hubiese sido algo tan terrible.

— Que las cosas no sucedan como esperamos no es tan terrible.

— Que cometamos errores no es tan terrible.

— Que no cumplamos con las expectativas no es tan terrible.

— Que cambiemos de opinión no es tan terrible.

— Que necesitemos más tiempo para alcanzar los objetivos no es tan terrible.

— Que nos perdamos en el camino y tengamos que pedir ayuda no es tan terrible.

— Que nos decepcionen no es tan terrible.

— Que nos critiquen o juzguen no es tan terrible.

¿Qué es lo peor que te puede pasar?

Esta es una pregunta que recomiendo que te hagas al menos tres veces frente a tus miedos o preocupaciones. Déjame darte algunos ejemplos:

Me da miedo emprender.

1. ¿Qué es lo peor que puede pasar? Que no me vaya bien.
2. ¿Qué es lo peor que puede pasar? Que no gane dinero y no pueda pagar el alquiler.
3. ¿Qué es lo peor que puede pasar? Que tenga que volver a casa de mis padres o pedir ayuda a un amigo.

¿Qué puedo hacer al respecto? Buscar un nuevo trabajo. ¿Es tan terrible? Parece que no. Tendrás emociones desagradables como son la desilusión o la frustración, momentos de duda y de superación, pero no es tan terrible. Podrás con ello.

Me da miedo dejar mi relación de pareja.

1. ¿Qué es lo peor que puede pasar? Que me sienta sola y me cueste encontrar a alguien más.

2. ¿Qué es lo peor que puede pasar? Que dude de mi decisión y baje mi autoestima.
3. ¿Qué es lo peor que puede pasar? Que me sienta triste y desmotivada.

¿Qué puedo hacer al respecto? Apoyarme en mis seres queridos y pedir ayuda profesional para acompañarme en el proceso. ¿Es tan terrible? Parece que no. Tendrás que superar un duelo, con emociones desagradables como la tristeza y la inseguridad, pero no es tan terrible. Podrás con ello.

Me da miedo dar una opinión diferente.

1. ¿Qué es lo peor que te puede pasar? Que me juzguen o me critiquen.
2. ¿Qué es lo peor que puede pasar? Que me rechacen o no me acepten.
3. ¿Qué es lo peor que puede pasar? Que me sienta solo.

¿Qué puedes hacer al respecto? Buscar rodearme de personas que me quieran y me acepten tal y como soy. ¿Es tan terrible? Ya sabemos que sentirse rechazado puede doler, pero duele más quedarse donde no es. Podrás con ello.

El último paso es rescatar los aprendizajes de cada situación. Que algo no sea tan terrible no significa que no duela. Debemos validar las emociones y tratarnos con amor y compasión. Incluso en las peores situaciones encontraremos grandes lecciones.

A la hora de emprender y fracasar, podemos rescatar que hemos sido valientes, que somos más fuertes de lo que pensábamos y que, si lo volvemos a intentar, nos llevaremos un montón de conocimientos y herramientas para hacerlo mejor la próxima vez, ya que no siempre nos saldrá todo a la primera y vale mucho más atrevernos a ello que quedarnos con el miedo.

Cuando decidimos dejar una relación donde ya no hay amor o no somos felices, elegimos nuestra libertad, independencia y bienestar por encima del miedo a sentirnos solos o a no poder rehacer la vida. Elegimos no quedarnos en un sitio ni conformarnos con cualquiera.

Si nos atrevemos a dar una opinión diferente, con el riesgo de ser juzgados, estamos priorizando nuestra autenticidad por encima del miedo al rechazo. Estamos siendo fieles a nosotros mismos a pesar del qué dirán, y eso es mucho más valioso que ser rechazados por las personas incorrectas. Además, si alguien nos rechaza por tener una opinión distinta, quizás no debe tener tanta presencia en nuestra vida.

¿Y SI SÍ ES TAN TERRIBLE?

Hay momentos en que las circunstancias te sacuden y el dolor es tan intenso que no crees que puedas salir de ahí. Situaciones como la pérdida de un ser querido, enfrentar una enfermedad incurable, vivir en medio de una guerra, no saber cómo vas a dar de comer a tus niños o tener una depresión tan severa que te impide levantarte de la cama. Hay personas que pierden a sus hijos, la experiencia más desgarradora, injusta y antinatural que un ser humano puede experimentar. Así que sí, hay cosas que son terribles.

Te voy a confesar algo. Hace años leí *El hombre en busca de sentido*, de Viktor Frankl. Es un *best seller* que me habían recomendado muchas veces. Narra las vivencias de Frankl como prisionero en los campos de concentración nazis durante la Segunda Guerra Mundial. En él explora la importancia de encontrar un propósito para vivir incluso en los tiempos más brutales y deshumanizantes. Como sabrás, los prisioneros sufrieron pérdidas inimaginables, torturas y humillaciones constantes.

Al terminar de leerlo, mis primeros pensamientos fueron: «¿Tanto bombo para esto? No entiendo por qué a la gente le parece tan increíble. Ni siquiera me parece de los mejores libros que he leído». Pero con el paso de los años me di cuenta de que me había dejado una huella imborrable y una influencia que ningún otro había conseguido antes. Puedo decir que es el que más ha marcado mi forma de interpretar la vida y de entender el potencial humano. Con frecuencia aparecían en mi mente mensajes como: «Si Viktor pudo con ello, tú también puedes». Aprendí que si Frankl fue capaz de sobrellevar tales adversidades, entonces los seres humanos tenemos una capacidad inmensa de resiliencia ante las dificultades.

Otra cosa que me gustaría confesarte es que siempre me ha sorprendido el famoso dicho «En casa del herrero, cuchillo de palo». En las redes sociales es común ver a personas aconsejando sobre bienestar, éxito y relaciones sin aplicar estos principios a sus propias vidas: cómo mejorar tu autoestima sin tener una buena autoestima, cómo hacerte millonario sin tener un millón o cómo mejorar tu relación de pareja teniendo una relación tóxica son algunos ejemplos. Hasta que me sorprendí teniendo mi propio cuchillo de palo. Yo siempre digo a mis clientes y a mis seguidores que validen todas sus preocupaciones, inseguridades y emociones, aunque puedan parecer una tontería, ya que les están dando información, y que, sea lo que sea, es importante para ellos y pueden trabajarlo si quieren.

Cuando estoy al otro lado también valido las preocupaciones ajenas, aunque estén sufriendo porque se les haya roto una uña. Sin embargo, si se trata de mí, Viktor llega a mi mente y automáticamente pienso: «Joder, qué suerte tengo. Ojalá todos mis problemas fueran estos, qué afortunada soy». Y me invade un sentimiento de gratitud y de paz que hace que casi nada importe. Entonces sí, pienso que me estaba preocupando por una tontería, y no me aplico el cuento de validarlo todo y me sumerjo en una profunda reflexión para averiguar qué hay detrás. Pensar en Viktor me funciona.

Pero lo que me sirve a mí no tiene por qué servirte a ti. Así que cuando tengas la duda de qué es mejor o peor a la hora de abordar situaciones, la respuesta correcta siempre será «depende». Déjame ponerte algunos ejemplos: ¿es preferible ponerse en lo mejor o ponerse en lo peor ante la incertidumbre? ¿Es mejor o peor pensar que soy capaz de conseguir todo aquello que me proponga? ¿Es mejor pensar en mis problemas o acordarme de Viktor Frankl? Pues depende. ¿Cómo te hace sentir a ti? ¿Con qué actitud lo abordas? ¿Te limita o te potencia?

Dicho esto, seguiré diciéndote que valides tus problemas y emociones y que pidas ayuda cuando esté siendo terrible para ti. Puedes buscar apoyo en terapia, en comunidades solidarias, en libros o formaciones que te hagan entenderte y te proporcionen conocimientos y herramientas para salir del pozo, porque, como Viktor, tú también puedes.

No olvides que las grandes adversidades aportan los mayores aprendizajes. Sí, ya sé que prefieres que los aprendizajes se los queden otros, que nadie elegiría sufrir y que escoges quedarte en la ignorancia, pero te invito a que mires con perspectiva, que veas todo lo que ya has superado y los aprendizajes que te llevaste para tener una vida mejor y ser fiel a ti.

Gracias al dolor que sentí con las parejas que tuve aprendí más sobre mí y lo que quiero y no quiero en una relación. Gracias a las carreras que estudié, y a las que no me dedico, aprendí disciplina, organización y descubrí qué tipo de trabajo me gusta. Gracias al divorcio no amistoso de mis padres aprendí sobre la humanidad de las personas y el perdón. Gracias a las amistades que me hicieron daño aprendí a ver más allá de mi ombligo. Gracias a mis proyectos fallidos aprendí que nada es tan terrible y que siempre hay más oportunidades. Gracias a mis dolencias y enfermedades sin explicación aprendí a escucharme, cuidarme y ser fiel a mí misma. Gracias a mi crisis existencial aprendí a conocerme y a elegir mi camino. Gracias a mis errores descubrí que siempre se puede seguir aprendiendo y evolucionando.

La vida seguirá siendo una montaña rusa de subidas y bajadas. Jamás podremos controlar aquello que no depende de nosotros, pero sí elegir cómo nos enfrentamos a ello.

RECUERDA

- —Cuando aflore el miedo, pregúntate qué es lo peor que puede pasar y cómo podrías resolverlo.
- —La fortaleza y resiliencia que tenemos las personas es sobrehumana.
- —Valida siempre tus sentimientos y preocupaciones, pero no olvides tu verdadero poder.
- —No puedes controlar lo que pasa fuera de ti, pero sí elegir qué hacer con ello.

Amor incondicional

Somos amor. Nacimos siendo amor y seguimos siéndolo, aunque este se haya apagado. Por eso siempre hablamos de recuperar el amor propio, porque forma parte de ti, no es algo que te tengas que ganar.

Vuelve a recordar cómo eras siendo un bebé. No había maldad, preocupaciones, ansiedad, miedos, comparaciones o expectativas. Simplemente eras un ser puro y perfecto con una vida por delante. Eras amor.

Hay gente que piensa que las personas somos buenas por naturaleza y otros que piensan lo contrario. No tengo pruebas, pero tampoco dudas de que somos buenos por naturaleza.

Recuerdo tener este debate con un familiar que decía que hay niños que son muy malos desde que son críos, y ponía el ejemplo de un bebé de un año y pico que parecía que todo el rato quería molestar a los demás. Cuando hacemos este tipo de juicios, se nos escapan muchas cosas. Tendemos a creer que como el niño no ha sufrido ningún episodio traumático o de violencia, no debería ser «malo». Claro, en nuestra sociedad tachamos de malo a un pequeño que no hace caso, que se queja, que pega o que es desobediente, cuando simplemente se está expresando como puede. La mayoría de las veces no sabemos qué hay detrás de ese mal comportamiento.

Hoy en día podemos encontrar diferentes estudios que hablan de cómo somos influenciados desde que estamos en el vientre de nuestra madre. De cómo sus experiencias y situación psicológica o emocional pueden dejar una huella en el bebé. Asimismo, no sabemos si las necesidades del bebé han sido bien atendidas como, por ejemplo, atendiendo a lo que necesita cada vez que llora, si hemos sabido calmarle y consolarle cuando lo ha necesitado, si le hemos dejado llorando sin atención o si hemos podido estar presentes como padres para darle amor. Ya hemos visto la necesidad de apego que tenemos al nacer para un correcto desarrollo físico, psicológico y emocional. Así que un bebé de un año y medio ha podido experimentar diversas situaciones que le hayan hecho ser «malo».

¿Buenos o malos por naturaleza?

El eterno debate. Así que, para invitarte a la reflexión, vamos a verlo desde la maldad más insólita del hombre, vamos a echar un vistazo a los grandes monstruos de la especie humana.

A mí me ayudó mucho a confirmar mis sospechas el libro *Mindhunter*. Gracias a su autor, John Douglas, un exagente especial y perfilador del FBI destinado a capturar a los asesinos en serie más peligrosos de Estados Unidos, corroboré que las personas malas «se hacen», no nacen. Puede haber cierta predisposición, pero las experiencias de la niñez y la crianza juegan el papel más importante. Los traumas y abusos infantiles son comunes en los asesinos más violentos y perturbadores, ya que, en muchos casos, estos eventos pueden desencadenar psicopatías.

Para mí, una de sus conclusiones más poderosas, siendo el tipo duro que ha tenido que ser para poder llevar hechos tan desgarradores, es que, además de invertir más dinero en policías, cárceles o educación, lo que realmente se necesita es más amor, pues la falta de él constituye el núcleo del problema.

Como es lógico, no todas las personas que sufren violencia o abusos de pequeños desarrollan una psicopatía o se convierten en asesinos; es más, podemos encontrar como muchas otras se convierten en todo lo contrario. Así que tu infancia puede ser condicionante, no determinante. Por eso hago tanto hincapié en que empatizar no es justificar. Muchos criminales han tenido infancias tan traumáticas que cuesta imaginar, pero eso no justifica sus actos.

La consciencia

El amor incondicional no solo implica recuperar el amor propio, es una elección que hacemos de cómo ver el mundo. El verdadero ser es amor incondicional que empieza por el amor hacia uno para expandirse a lo demás. Todos formamos parte del todo.

En el ejercicio que propongo en mi libro *YO, EGO,* una de las preguntas que debemos hacernos cuando algo nos perturba, incomoda o hace sufrir es: ¿cómo puedo ver esta situación desde el amor? Porque la mayoría de las situaciones que vivimos diariamente tenemos la posibilidad de verlas o interpretarlas desde el amor. Es una elección que te libera del sufrimiento. El ser implica aceptación plena, amor incondicional, empatía y compasión. Pero también podemos educar al ego para que piense o juzgue desde el amor, creando uno consciente. Te pongo algunos ejemplos.

Mi padre me ha dicho que debería empezar a buscar un trabajo serio y estable y que deje de soñar.

— Reacción inicial. Me enfada que me haya dicho que tendría que empezar a buscar un trabajo serio y dejar de soñar. No le importa lo que piense ni cuáles son mis intereses. No me ve capaz de conseguir mis metas.
— Desde el amor. Tiene miedo a que no consiga un trabajo estable y pueda tener dificultades para cubrir mis necesidades. Está preocupado porque me quiere, lo educaron en la creencia de que es importante tener un trabajo fijo y un salario estable y cree que es lo mejor para mí.

Mi amigo me ha cancelado el plan en el último momento.

— Reacción inicial. Me he decepcionado porque me parece una falta de respeto que me cancele

en el último momento. No valora mi tiempo ni me prioriza.
- Desde el amor. A mi amigo se le ha complicado el día, quizás le ha surgido algo que necesita su atención y no ha sabido organizarse mejor. Esto no refleja la importancia que le da a nuestra amistad. Le ofreceré mi apoyo y comprensión.

Mi jefa me ha dicho que la presentación que he hecho al equipo estaba bastante floja y que debo espabilar.

- Reacción inicial. Me da rabia porque ha menospreciado mi trabajo y no valora todo lo que hago por la empresa. Tengo miedo de que me despida.
- Desde el amor. Es cierto que no le he dedicado tanto tiempo como otras veces y la crítica puede ser una oportunidad para crecer y mejorar. Agradeceré el *feedback* y veré cómo puedo utilizarlo para hacerlo mejor la próxima vez. Soy humano y no puedo hacerlo todo perfecto.

Mi amiga lleva varias semanas fría y distante.

- Reacción inicial. Estoy preocupada porque creo que le pasa algo conmigo. Se ha cansado de mí y no sabe cómo decírmelo.

— Desde el amor. Quizás mi amiga esté pasando por un momento difícil o tenga mucha carga mental. No he hecho nada diferente o algo malo, su distancia no es personal. Le escribiré para que sepa que estoy aquí si necesita algo.

Mi pareja ha olvidado el día de mi cumpleaños.

— Reacción inicial. Estoy triste y desilusionada porque ha olvidado una fecha importante. No me quiere lo suficiente porque siempre prioriza sus cosas.
— Desde el amor. Que se haya olvidado de mi cumpleaños no refleja el grado de amor que siente por mí. No le gusta su cumpleaños y nunca le ha dado importancia a estas fechas, suele ser bastante olvidadizo. Tiene otras formas de demostrarme su amor y le recordaré que es importante para mí, y que puede anotarlo en la agenda para que no vuelva a ocurrir.

Ahora te toca a ti. Piensa en algo que te haya molestado en la última semana y prueba a verlo desde el amor. ¿Ha cambiado cómo te sientes al respecto?

La consciencia pone límites

No podemos olvidar que el ego está aquí para protegernos, y eso implica poner límites cuando sea necesario. Olvídate de ser un ser de luz que ve y siente todo desde el amor. No caigas en la trampa del ego espiritual. Hay veces que no queremos ver o actuar desde el amor, y no pasa nada. Pero, ¡ojo!, sí podemos ahorrarnos sufrimiento reinterpretando sabiamente, desde el amor, con límites. Te voy a poner varios ejemplos:

Mi pareja es infiel.

- —Reacción inicial. Cómo ha podido hacerme esto. Es una falta de respeto, no me quería tanto como decía. No soy suficiente, no significo nada para ella.
- —Desde el ego consciente. Entiendo que la infidelidad tiene que ver con él, no conmigo, y que no me ha tenido en cuenta a la hora de hacerlo. Estas acciones me hacen perder la confianza y no compartir valores, así que decido dejar la relación porque no creo que pueda continuar confiando en mi pareja. Perdono y suelto.

Tus amigos quedan sin avisarme.

— Reacción inicial. ¿Habré hecho algo mal? ¿Será que no les caigo bien y prefieren estar sin mí? Quizás no sea buen amigo o difícil de querer.
— Desde el ego consciente. Me he sentido excluido y me ha hecho daño, entiendo que no avisarme puede ser debido a muchas razones que no tienen que ver conmigo o que simplemente se han olvidado. Creo que no he hecho nada malo y entiendo que esto no determina mi valor. Lo tomo como una oportunidad para reflexionar sobre mi propio valor y buscar relaciones que me hagan sentir querido y respetado.

Mi amiga casi nunca contesta a mis mensajes.

— Reacción inicial. No valora nuestra amistad si no es capaz de dedicar tres minutos a contestarme. Me parece una falta de respeto dejar a un amigo sin responder. Está claro que no le importo ni se preocupa por mí.
— Desde el ego consciente. Las acciones de los demás hablan de ellos, no de nosotros. Entiendo que no contestar puede ser debido a diferentes

motivos más allá del interés que pueda tener en nuestra amistad, como estar estresado, tener mil cosas en la cabeza, no dar importancia a los mensajes de texto o ser un desastre y que siempre se le olvide. No obstante, me gustaría que mis amistades sean recíprocas y elijo explicar cómo me siento y qué espero de ellas para que podamos estar alineados y evaluar nuestra relación.

Mi madre se mete en todo.

- Reacción inicial. ¿Por qué siempre tiene que controlar cualquier cosa que hago? No tiene derecho a meterse en mi vida e intentar influenciar en mis decisiones. Debería respetarme y centrarse en ella. Estoy cansada de que piense que necesito su ayuda para todo.
- Desde el ego consciente. Aunque me siento agobiada, sé que lo hace porque me quiere y se preocupa por mí. No quiere molestarme y busca ayudarme. Su comportamiento refleja sus propios miedos y necesidades. Decido establecer límites saludables y explicarle cómo me hace sentir para que entienda que necesito espacio y una menor intromisión.

Si te das cuenta, en las reacciones iniciales siempre está el ego siendo egocéntrico tomándoselo todo de forma personal. Es esa interpretación que te sale de manera automática sin reflexionar. Tu ego está pensando como suele hacer, fruto de todos los condicionamientos externos que ha recibido a lo largo de tu vida. Pero cuando paras, analizas, reflexionas y conectas contigo, esa interpretación se transforma.

Estoy convencida de que serás capaz de hacerlo casi siempre que te lo propongas. La dificultad no está en parar y conectar contigo, la dificultad está en salir del piloto automático para ser consciente de que tienes que parar y reflexionar, así como tener el compromiso y la constancia que harán que reprogrames tu mente y vivas en calma.

RECUERDA

— El amor está dentro de ti, no es algo que tengas que conseguir.
— Creo firmemente que todos somos buenos por naturaleza.
— Vivir desde el amor implica vivir conscientemente.
— No caigas en la trampa del exceso de empatía y pon límites cuando sea necesario.

La llave maestra

Me voy a andar sin rodeos. La llave maestra para tu desarrollo personal es la constancia en la aplicación de lo aprendido. Puedes leerte mil libros de autoayuda, puedes ir a mil terapias psicológicas, puedes hacer mil formaciones, pero si no aplicas lo aprendido de forma constante, te quedarás donde empezaste.

Tu ego es tu mayor contrincante y va a luchar muy duro para que te quedes donde estás. Se va a resistir a cambiar, a salir de tu zona de confort con millones de excusas y a intentar boicotearte sin que apenas te des cuenta.

Una de las trampas más sutiles es meterte en la espiral del conocimiento, creyendo que siempre puedes aprender más, que necesitas más información, y que no estás preparado para ponerte a ello.

Mi amiga cae en la trampa

Una amiga me pidió recomendaciones de libros sobre meditación y *mindfulness*. Se había hecho un curso y quería profundizar. En vez de centrarse en aplicar lo aprendido, deseaba saber más. Aplicar lo aprendido ya es difícil, te exige tiempo, atención, compromiso y constancia, algo que no te va a proporcionar leerte otro libro sobre la materia. Inconscientemente, el ego nos paraliza con la falsa ilusión de que estamos avanzando. Puedes leerte cien libros de cómo aprender a pescar, pero hasta que no pesques, no sabrás hacerlo.

Tomar acción y ser constante es la verdadera dificultad. Si quieres reprogramar tu mente, tienes que ser más constante, no más sabio. Si quieres cambiar tu forma de pensar, de interpretar la realidad, de hablarte a ti mismo, de juzgar a los demás y de ver el mundo, hay que currar. Cuestionar al ego no es complicado, hacerlo todos los días, sí lo es.

Cuando me di cuenta de que el responsable de mi sufrimiento era mi ego, decidí plantarle cara de forma seria. Me compré un diario bonito y, todas las mañanas, mientras tomaba mi té favorito, escribía cómo me había sentido el día anterior. Si me había sentido triste, enfadada, insegura o frustrada, hacía el ejercicio de averiguar dónde se escondía mi ego y qué podía hacer ante esa situación.

Si cojo un diario de hace cinco años y lo comparo con lo que escribo ahora, parezco otra persona. Hasta la letra me ha cambiado. Pero en realidad lo que ha sucedido es que he ido reprogramando mi mente día tras día hasta convertirme en la persona que soy hoy.

Siento mucha compasión por la María de hace cinco años que escribía como pollo sin cabeza desde la rabia o el dolor. Y también me siento orgullosa del camino que he recorrido, comprometiéndome conmigo misma para sanar, desenredar y construir una vida plena.

Ahora, después de tanto tiempo mirando dentro de mí, no necesito escribir para darme cuenta de lo que realmente me está afectando y tampoco necesito dedicar horas a reflexionar sobre ello. Sé identificar cuándo algo me está tocando una herida o cuándo mi ego me domina.

RECUERDA

— La constancia es la clave del éxito.
— No necesitas más información, necesitas aplicar lo aprendido.
— Cuidado con las resistencias del ego porque va a luchar para que no cambies.
— Empieza hoy con pequeñas acciones que te acerquen a tu objetivo. Escribir es una de mis herramientas favoritas para trabajar en uno mismo.

SÉ TU PROPIO GURÚ

Vivimos en una época sin precedentes, donde el conocimiento es ilimitado y el acceso a la información está a un solo clic de distancia. Tenemos barra libre para aprender, descubrir y crear de maneras que nuestros ancestros jamás habrían imaginado. Cada vez que pienso en esto me entra un escalofrío. ¿Sería capaz de moverme sin GPS? ¿Cuáles serían mis *hobbies*? ¿Qué creencias tendría? ¿Me gustaría tanto aprender? ¿De qué viviría? Me parece una pasada. Sin embargo, este acceso ilimitado puede dar lugar a la infoxicación, término que se refiere al exceso de información, que nos impide sacar conclusiones claras y profundizar en los temas que realmente nos interesan.

¿Quieres aprender a alimentarte mejor? Intenta descubrir si el huevo, la carne, los lácteos o el trigo son buenos o malos.

¿Quieres reducir tu ansiedad? Prueba las doscientas técnicas diferentes que encontrarás en internet.

¿Quieres mejorar tu salud mental? Elige las trescientas terapias que hallarás en redes sociales.

¿Quieres bajar de peso? Fantástico, tienes mil quinientas dietas recomendadas.

¿Necesitas un vestido? No hay problema, tienes dos millones con un par de clics.

¿Quieres empezar a hacer ejercicio? Intenta averiguar si es mejor hacer *CrossFit, running,* pilates, yoga, calistenia, *spinning,* zumba, boxeo, ciclismo, natación o *bodypump*.

¿A quién escuchamos? ¿En quién confiamos? La respuesta, aunque simple, es crucial: confía en ti mismo.

Todas las personas que compartimos información, incluyéndome en el *pack,* lo hacemos desde nuestros conocimientos y experiencias, que son tremendamente limitadas. No nos hagas caso, por favor.

Mi propuesta es que seas capaz de investigar, estudiar, leer y aprender para sacar tus propias conclusiones. No des nada por sentado sin haberlo probado antes. No te creas cualquier cosa que escuches o leas. Que los títulos académicos o los egos desmesurados no te confundan. Cuestiónalo todo.

Confía en tu intuición, nadie mejor que tú sabe lo que piensa, siente y necesita. Escucha a tu sabio interior, él tiene todas las respuestas.

Cuando honramos y seguimos a la intuición, actúa como una brújula interna, guiándonos a través de las decisiones de la vida con una claridad que trasciende la lógica y el análisis. Esta confianza en nuestro juicio interno es lo que nos permite ser fieles a nosotros mismos, incluso cuando nos enfrentamos a presiones externas o al temido qué dirán.

Cuidado con el autosabotaje. Muchas veces no necesitamos más conocimientos ni guías en el camino. Hemos leído libros, asistido a *webinars,* escuchado charlas y hecho formaciones sobre aquello que nos preocupa o nos genera curiosidad, y seguimos buscando más información, evitando pasar a la acción. No necesitas saber más, necesitas tomar acción, que es lo que realmente incomoda y produce cambios.

¿Y cómo puedes ser tu propio gurú? Con autoconciencia, intuición, autenticidad, resiliencia y acción consciente.

Autoconciencia

Ya hemos visto la importancia de conocerse a uno mismo: tus creencias, juicios, valores, fortalezas y debilidades. Sobre este autoconocimiento puedes construir una vida auténtica y tomar decisiones alineadas a tu verdadero ser.

Algunas técnicas para seguir indagando en el autoconocimiento pueden ser la meditación y la escritura.

Intuición

La intuición es tu guía interna que te ayudará hacia lo que es correcto y verdadero para ti. Te acompañará en los momentos de duda e incertidumbre o cuando tengas que tomar decisiones importantes.

Algunas técnicas para conectar con la intuición pueden ser: crear espacios de silencio, prestar atención a las sensaciones de tu cuerpo o hacerte preguntas y esperar respuestas. La atención plena será fundamental para salir del piloto automático que te impide conectar con lo más profundo del ser.

Autenticidad

A estas alturas no te tengo que explicar la importancia de ser auténtico para vivir una vida plena. Cuando intentas imitar al gurú de turno, es bastante probable que pierdas tu autenticidad. Ser fiel a ti mismo hará que actúes de acuerdo a tus valores o creencias, a pesar del miedo al rechazo o la presión social.

Vivir siendo auténtico implicará decir no y poner límites, priorizándote y haciéndote responsable de tu bienestar.

Resiliencia

La vida es impredecible y no todo será color de rosa. Estás en constante aprendizaje y te encontrarás muchas piedras en el camino. La resiliencia es la capacidad que tienes de recuperarte de las adversidades y de aprender de las experiencias difíciles para seguir adelante sin perder la confianza.

Será útil contar con una red de apoyo para los momentos más difíciles y adoptar una actitud de crecimiento y desarrollo. No olvides que no puedes controlar lo que pasa a tu alrededor, pero sí cómo te afecta.

Acción consciente

He sido un pelín insistente con la toma de acción, pero no quiero que perdamos los papeles. No quiero que la exigencia te acompañe. Tienes que ser capaz de elegir conscientemente qué es exactamente lo que quieres conseguir y qué acción vas a tomar para lograrlo. No necesitas incorporar diez hábitos nuevos ni probar veinte herramientas que te compliquen la vida. Elige una o dos acciones que puedas empezar a hacer hoy, que te acerquen a tu meta.

Ser tu propio gurú no es solo un proceso de introspección, sino también de extrospección; es decir, poner en práctica lo que has aprendido sobre ti en el mundo exterior. No necesitas buscar fuera lo que tienes dentro, pero tu mundo exterior será una proyección de tu mundo interior.

RECUERDA

—Eres el maestro de tu propia vida, nadie mejor que tú puede elegir lo que realmente necesitas.
—Tu intuición es tu guía más poderosa, confía en ella para tomar tus decisiones.
—Mantén siempre tu autenticidad, es la clave para vivir más allá del qué dirán.
—Conviértete en el creador de tu vida y usa lo que has aprendido para alcanzar tus metas.

Epílogo

Querido lector:

Al llegar a estas últimas páginas, quiero tomarme un momento para contarte lo que realmente me movió a escribir este libro. Desde el principio, mi objetivo ha sido hablar contigo sobre lo importante que es ser auténtico en una sociedad que a menudo nos empuja a ser algo que no somos. He visto y vivido mucho dolor por intentar encajar en esos moldes.

A lo largo de este viaje juntos, he querido que te sientas inspirado a desafiar el qué dirán y a abrazar tu autenticidad con valentía y amor. Quiero recordarte que ninguna opinión puede lastimarte más que traicionarte a ti mismo, y que la verdadera plenitud está en aceptarte tal como eres, con todas tus imperfecciones y peculiaridades.

Recuerda que cada uno de nosotros es único, con nuestras propias creencias, juicios y experiencias de vida. Nadie más que tú puede conocer tus necesidades y deseos más profundos. Espero que te atrevas a distinguir entre las opiniones que te enriquecen y las que te limitan, y a encontrar tus propias respuestas en el proceso.

En este camino es posible que descubras aspectos de ti que no te gusten y que necesiten ser examinados y mejorados. Pero quiero que sepas que este proceso de crecimiento personal debe estar impulsado por el amor y el autocuidado, no por el miedo o la creencia de que hay algo malo en ti.

Te animo a abrazar tu singularidad y a cultivar el amor propio que te permita vivir la vida que realmente deseas. Recuerda siempre que eres igual de válido y digno de amor que cualquier otra persona en este mundo.

Espero que estas palabras te inspiren a abrazar tu autenticidad con valentía y amor, y a caminar por la vida con la cabeza en alto y el corazón abierto a todas las posibilidades que el universo tiene para ti.

Con todo mi cariño,

María

www.ingramcontent.com/pod-product-compliance
Lightning Source LLC
LaVergne TN
LVHW091047080826
845145LV00002B/653
* 9 7 8 8 4 1 0 6 4 0 7 5 7 *